Bernhard Gitschtaler

Papa werden!

Bernhard Gitschtaler

Papa werden!

Das größte Abenteuer deines Lebens

Mit Illustrationen von
Jan Philipp Schwarz

Orac

Anna und Leopold
gewidmet

Impressum

www.kremayr-scheriau.at

ISBN 978-3-7015-0621-7

Cover- und Umschlaggestaltung: Sophie Gudenus
Cover unter Verwendung einer Illustration von Jan Philipp Schwarz
Illustrationen Kern: Jan Philipp Schwarz
Typografische Gestaltung & Satz: Danica Schlosser
Lektorat: Lena Sharma, Stefanie Jaksch

Druck und Bindung: Buch Theiss, St. Stefan im Lavanttal

Inhalt

Einleitung

Es war Herbst 2018, als meine Freundin Anna und ich erfuhren, dass wir Eltern werden würden. Für uns beide war es das erste Mal, dass wir diese freudige Nachricht erhalten haben. Hätte man uns nur zwei Jahre zuvor gefragt, ob wir bald Kinder wollten, wir hätten es uns beide kaum vorstellen können. Ausbildung, Arbeit, Freunde, Partys, Reisen, unterwegs sein – das waren die relevanten Themen in unser beider Leben. Wie soll das mit Nachwuchs vereinbar sein? Aber wie es im Leben so ist, kommt vieles dann zum Glück doch anders, als man geglaubt hätte. Heute könnte ich mir ein Leben ohne unseren Sohn gar nicht mehr vorstellen. Damals aber mischte sich zur Freude über die gute Nachricht auch bald Unsicherheit und Sorge. Was kommt auf uns zu? Was wird sich alles ändern? Wird unsere Beziehung ein oder mehrere Kinder aushalten? Werden wir das alles schaffen? Werde ich das schaffen? Panik.

Es ist definitiv eine große Sache, wenn sich das Babyglück zum ersten Mal einstellt. Deshalb gibt es für die werdende Mutter in Buchläden auch eigene Abteilungen mit Beratungsliteratur, Vorbereitungsbüchern und ähnlichen Werken unterschiedlichster Qualität. Auch online finden sich ganze Bibliotheken mit Artikeln und eBooks zum Thema Mama werden. Aber für werdende Papas?

Das erste Mal ist mir dieser Umstand aufgefallen, als Anna und ich uns dazu entschieden hatten, nicht mehr zu verhüten und uns gemeinsam kopfüber in den „Next Level Shit“ zu stürzen. Da kamen viele Fragen auf. Muss ich meinen Lebensstil ändern? Weniger Party? Mehr Sport? Was, wenn es nicht klappen sollte? Da steht man als Mann schnell mal allein da. Zwar gibt es einige halbaktuelle Bücher, die vorgeben, den werdenden Vater wissend durch die Schwangerschaft zu begleiten – die Oberflächlichkeit dieser Werke hat mich aber abgeschreckt. Bemerkenswert auch, dass viele Werke aus der Feder von

Männern sich auf rein klamaukartige Weise mit dem Thema Schwangerschaft und Vaterschaft beschäftigen. Unverbindliche Büchlein von Komikern, die Vaterschaft allein als lustiges Hobby mit Anekdotencharakter betrachten. Im Zweifel ist eh die Mama da.

Später in der Schwangerschaft hatte ich immer wieder das Gefühl, mit meinen Fragen als Mann etwas weniger ernst genommen zu werden als meine Partnerin. Natürlich fragen sich Schwangere, ob sie gute Mütter sein werden. Dass sich auch werdende Väter darum sorgen, ob und wie sie gute Papas sein können, scheint für viele in unserer Gesellschaft bisher aber schwer vorstellbar zu sein. Zwar hat die halbe Welt ein gewisses Bild vom „guten" Vater, doch wie diese Rolle für den einzelnen Mann aussehen kann, wie man diese findet, welche Fragen und Unsicherheiten damit einhergehen, darüber sprechen wir kaum. Das muss sich ändern.

Ich fing an, alle meine Erfahrungen und Erlebnisse, meine Fragen und Ideen aufzuschreiben, Antworten zu suchen und diese zu notieren, auf dass Hilfe suchende werdende Väter in Zukunft ein Buch in ihren Händen halten können, das sie durch diese aufregende Zeit begleitet.

Der Aufbau dieses Buches

Gleich vorweg: Wir starten hier nicht mit der Schwangerschaft! Die ganze Party fängt nämlich schon wesentlich früher an. Deshalb ist dieses Buch in fünf Kapitel unterteilt.

Zunächst behandle ich die Zeit vor der Schwangerschaft, die Phase des Schwangerwerdens. Heute lesen wir z. B. viel darüber, dass sich die Fruchtbarkeit europäischer Männer aufgrund von Umweltgiften, Weichmachern etc. massiv verringert. Die Anzahl und Qualität der Spermien ist bei vielen Männern schon in jungen Jahren niedrig. Dieser Umstand sorgt verständlicherweise für Verunsicherung bei uns. Gerade beim ersten Kind wiegen diese Unsicherheiten schwer. Bin ich eventuell selbst betroffen? Ist die Qualität der Spermien gut genug? Sind überhaupt genug dieser kleinen Fighter vorhanden? Kann ich etwas tun, um die Wahrscheinlichkeit einer Befruchtung zu erhöhen und den Laden in Schwung zu bringen? So viel vorweg: du kannst! Was aber, wenn trotz allem Einsatz der Erfolg ausbleibt? Keine Sorge! Deine Fragen werden beantwortet.

Kapitel zwei bis vier beschreiben die drei Trimester der Schwangerschaft, also die ersten drei Monate, die darauffolgenden drei und schließlich die Zeit bis zur Geburt. Was ist im jeweiligen Drittel wichtig, was nicht? Was wird sich wahrscheinlich ändern? Möglicherweise gehst du zum ersten Mal mit zum Frauenarzt: Welche Untersuchungen warten auf euch – und muss man wirklich die ganze Reihe der pränataldiagnostischen Möglichkeiten über sich ergehen lassen? Wie fühlt sich deine Partnerin in dieser Zeit und wie kannst du sie unterstützen? Wie entwickelt sich der Fötus und kannst du dich mit diesem kleinen Lebewesen im Bauch schon vor der Geburt beschäftigen und vertraut machen, oder ist das hippiesker Humbug?

Schließlich behandelt das fünfte Kapitel die ersten drei Monate nach der Geburt inklusive der Wochenbettzeit, denn jetzt geht es richtig los! Wie ist das jetzt mit dem Mutter-Kind-Pass und den Impfungen? Was braucht das Neugeborene und wie entwickelt es sich am besten in den ersten Monaten? Inwiefern kann oder wird euer Kind eure Beziehung beeinflussen? Welche staatlichen Unterstützungsmöglichkeiten gibt es und wie entlasten wir die Mama am besten?

Du siehst, langweilig wird dir nicht werden. Aber eines kannst du mir glauben: Du schaffst das! Gemeinsam mit deiner Partnerin, Freundin oder Frau, deiner Familie oder wem auch immer. Und du hast nun wohl auch schon bemerkt, dass du dieses Buch nicht unbedingt von Anfang bis Ende durchlesen musst. Vielleicht sind nur gewisse Kapitel oder Themen für dich interessant. Die Aufbereitung der Kapitel ermöglicht es dir, selbst auszuwählen, was für dich interessant ist und was du lieber überspringen möchtest.

Ich darf mich vorstellen

Mein Name ist Bernhard, ich wurde 1987 in eine typische Arbeiterfamilie geboren und bin in Kärnten aufgewachsen. Mein Vater ist Elektriker, meine Mutter war Verkäuferin, bis ich das Licht der Welt erblickte. Ihnen ist es zu verdanken, dass ich der Erste in der Familie war, der überhaupt die Möglichkeit zu studieren erhielt. Wie vielen anderen jungen Menschen auch, ist mir Kärnten schnell zu eng geworden und es hat mich zum Studium nach Wien und zum Reisen in die Welt gezogen. Seit 2013 bin ich als Autor und Politikwissenschafter tätig, seit 2015 – ich hatte gerade das Studium der Sozialen Arbeit abgeschlossen – auch als Sozialarbeiter. Der Schwerpunkt meiner Tätigkeit als Sozialarbeiter liegt bisher im Bereich der Familien- und Jugendarbeit.

13 Jahre lang war Wien meine Homebase. Eine großartige Zeit, aber nach vielen Jahren in der Stadt – du kennst das vielleicht – haben sich meine Bedürfnisse verändert, und da meine Partnerin Anna und ich nicht zu den glücklichen Besitzern einer für eine Familie geeigneten Wohnung in Wien gehören, war recht schnell klar, dass wir nicht ewig in der Stadt bleiben werden. Mit der Schwangerschaft stand für meine Partnerin und mich fest: Wir versuchen es gemeinsam in Kärnten. Einige Wochen vor der Geburt unseres Kindes sind wir umgezogen. Ein Umstand, der diese aufregende Zeit umso turbulenter machte. Noch dazu war nun wirklich alles neu für uns und bisher haben wir auch nicht in einer gemeinsamen

Wohnung gelebt. Wir beide hatten überhaupt noch nie zuvor mit einem Partner eine Wohnung geteilt! Rückblickend hat dann doch alles hingehauen. Egal, wie deine persönliche Situation aussieht: Auch du wirst mit etwas Engagement alles gut hinbekommen!

Ich bin davon überzeugt, dass die meisten Männer heute schon früh eine Beziehung zu ihrem Kind aufbauen wollen und sich gerne in das Abenteuer Vaterschaft stürzen möchten. Es gibt auch unter Männern eine Ahnung von oder Sehnsucht nach dem Gefühl inniger Liebe und Anteilnahme am Leben des (neugeborenen) Kindes. Diese Gefühle sind durch nichts ersetzbar, und um sie zu erleben, muss man Vater sein – daran führt kein Weg vorbei. Mit diesem Buch begleite ich nicht nur mich selbst durch die Schwangerschaft, sondern, wenn du möchtest, auch dich. Ich bin gut vorbereitet, habe mit Hebammen und Ärzten gesprochen, ein Interview mit einem Väterberater geführt, Fachliteratur gelesen, online recherchiert, Papa-Podcasts angehört, Vorträge und Geburtsvorbereitungskurse besucht und mich lange und ausgiebig mit anderen (werdenden) Vätern unterhalten. Alle Themen, die mir dabei untergekommen sind und die mich als Mann besonders beschäftigt haben, findest du im Folgenden besprochen.

Meine Einstellung zum Kinderkriegen, zu Vaterschaft und Erziehung? Die ist angesiedelt zwischen Tim Taylor, dem „Heimwerkerking“, Hal Wilkerson, dem Vater von Malcolm aus *Malcolm Mittendrin*, Turk aus *Scrubs* und der *Nanny*, um popkulturelle Vergleiche zu bemühen.

Nun aber darf ich dir alles Gute für die nächsten Monate, eine spannende Reise durch die Schwangerschaft wünschen. Dieses Buch kann dir hoffentlich ein wenig den gesellschaftlichen und familiären Druck, den es unbestritten gibt, von den Schultern nehmen und für ein sicheres Gefühl in einer aufregenden Zeit sorgen.

Mann sein – Vater sein

Was ist männlich? Diese Frage konnte man vor wenigen Jahrzehnten noch relativ einfach beantworten. Ob einem die Antwort gefiel und ob man als Mann dem Rollenbild entsprach, stand anderswo geschrieben. Aber die westliche Gesellschaft hatte ein lange anerkanntes und allgemein gültiges Bild des „wahren Mannes“. Dies bot Orientierung – gerade für die Männer selbst. Ein Mann hat stark oder zumindest zäh zu sein, sowohl körperlich als auch emotional. Ein Mann weint nicht. Die körperliche Stärke durfte ein Mann durchaus zeigen. Einer würdigen Prügelei ging man nicht aus dem Weg. Ein Mann hat Muskeln und/oder Macht, dementsprechend war diese auch lange ausschließlich männlich konnotiert. Männer diskutieren nicht lange, sie handeln. Männer lösen Probleme. Männer sind sexuell potent und wenn man neben Frau oder Freundin noch eine andere hatte, dann war das zwar nicht unbedingt etwas, mit dem man(n) Hausieren ging, aber insgeheim war einem Anerkennung sicher. Ein echter Mann sollte ein bisschen verwegen und ein Draufgänger, mutig und furchtlos sein. Männer waren DIE Erhalter der Familie. Ein echter Mann hat einen (gut bezahlten) Job und kann Frau und Kindern etwas bieten. Ein Mann kauft eine Eigentumswohnung oder noch besser: baut ein Haus. Oder gleich beides. Um die Kinder und die Erziehungsarbeit kümmert sich natürlich die Frau. Und Vater wurde man nebenbei. No pressure.

So einfach ist das heute nicht mehr. Das hat viele gute Seiten – gerade für uns Männer. Denn einem solchen antiquierten Rollenbild kann man unter Umständen entsprechen, aber will man das auch? Hat dieses Männerbild überhaupt etwas mit aktuellen Lebensrealitäten zu tun? Ergeben sich durch die Auflockerung und Ausdifferenzierung der Rollenbilder nicht auch für uns Männer neue Chancen?

Männer befinden sich heute in einem großen Spannungsfeld aus gesellschaftlichen, familiären und persönlichen Erwartungen und Anforderungen, Männer stehen unter Druck. Das einschränkende Rollenbild vom „eindimensionalen" Mann wird lockerer, aber die Menge an Erwartungen ist dadurch nicht weniger geworden, sie überlagern sich vielmehr und türmen sich zu einem regelrechten „Erwartungsberg". Viele Erwartungen an den modernen Mann sind schlicht und ergreifend widersprüchlich und schizophren. Und so fühlen sich viele Männer heute zwischen eigenen, gesellschaftlichen und familiären Ansprüchen und Erwartungen zerrissen. Am Ende bleibt für viele das Gefühl, gar keiner Rolle mehr gerecht werden zu können, sich selbst und den Platz in der Gesellschaft zu verlieren oder gar nicht erst zu finden und als Mann zu versagen.

Ähnlich verhält es sich mit dem Vatersein. Viele sagen, das Vaterbild habe sich in den letzten Jahren geändert. So einfach ist das Ganze meiner Meinung nach nicht. Wahr ist vielmehr, dass die Rolle als Vater und die damit einhergehenden Erwartungen differenzierter, komplexer und umfangreicher geworden sind. Natürlich gibt es noch den „Arschlochvater", der sich einfach aus dem Staub macht, der keine Alimente zahlt oder nie und nimmer etwas von Erziehungs- und Hausarbeit wissen will – also Männer, die keine Verantwortung übernehmen. Aber es gibt auch immer die anderen. Viele (werdende) Väter erleben bei ihrem Kampf um die Vereinbarkeit von Beruf und Freizeit, Familie und Partnerschaft jene Schwierigkeiten und unerfüllten Ansprüche, mit denen die meisten Frauen schon seit Generationen konfrontiert sind. So mancher Betreuungstraum zerschellte an der Arbeitswelt und ihren Bedingungen.

Die meisten Männer wollen heute für ihre Familie und die Kinder präsent sein. Sie wollen von Anfang an eine Beziehung zum Kind aufbauen und als gleichberechtigter Ansprechpartner wahrgenommen werden. Sie wollen aktive Väter sein und genau das können sie auch, sofern es die Arbeitsstelle zulässt. Auch wenn dafür manchmal noch das Selbstvertrauen fehlt und manche Mütter wohl auch lernen müssen, Aufgaben an den Mann abzugeben und ihn mal tun zu lassen. Wenn die Aufgabe dann etwas anders erledigt wird, als man dies selbst tun würde, ist dies nicht unbedingt schlechter, sondern einfach nur anders. Kinder profitieren auf jeden Fall von einem präsenten Vater und seiner aktiven Rolle.

Im Werk *Das Papa-Handbuch* von Robert Richter und Eberhard Schäfer wird der positive Einfluss des engagierten Vaters auf das Kind folgendermaßen beschrieben:

„Ihr Einsatz und Ihre emotionale Beteiligung am Leben Ihres Kindes sind dauerhaft von Bedeutung. Ihr väterliches Engagement wirkt sich auch eine Generation später positiv aus. Sie bieten Ihrem Kind einen guten Start, von dem es lebenslang profitieren wird.

- Väter spielen – tendenziell – wilder und körperlicher mit ihren Kindern. Sie überraschen Kinder mit unvorhergesehenen (Spiel-) Situationen und konfrontieren sie so mit Neuem. So lernen Kinder, in ungewohnten Situationen schnell zurechtzukommen.
- Kinder von engagierten Vätern sind im Alter von neun Monaten anderen Kindern in der Entwicklung deutlich voraus.
- Fünfjährige Kinder mit einer sehr vertrauensvollen Beziehung zu ihrem Vater sind selbstständiger, kompetenter und weniger ängstlich als Kinder, denen die Beziehung zum Vater fehlt.
- Kinder von Vätern, die sich auch um deren schulische Belange kümmern, haben bessere Noten und eine positivere Einstellung zur Schule."

Natürlicherweise wächst das neue Leben in den Bäuchen der Frauen heran und nicht in jenen der Männer, wodurch Männer zwangsläufig eine gewisse Distanz zur Schwangerschaft haben. Männer sind durch diese „Entfernung" vielleicht etwas entspannter, was gewisse Dinge betrifft. Zumindest während der ersten Monate der Schwangerschaft.

Bis es aber einmal soweit ist, geistern einem viele Gedanken durch den Kopf. Ist es überhaupt eine gute Idee, Kinder in die Welt zu setzen? Krieg, Naturkatastrophen und Klimaerwärmung, verrückte Politikerinnen und Politiker und immer mehr Menschen, die wieder Gefallen an totalitärem Gedankengut finden, erscheinen wirklich nicht als ideales Umfeld. Und überhaupt will man vielleicht auch noch Karriere machen und hat tausend andere Pläne. Michael Götz hat in einem Artikel für NEON genau diese Fragen reflektiert und schreibt unter anderem Folgendes dazu:

„Wenn wir aufhören, Kinder zu kriegen, weil wir denken, die Welt sei verloren, dann sind wir längst verloren. Dieser Gedanke ist so unendlich hoffnungslos, dass man heulen möchte. Die totale Kapitulation vor unserer Zukunft. Die Zeiten werden sicher nicht einfacher. Aber wann waren sie das schon? Im Mittelalter? Während der Weltkriege? Lasst uns für eine bessere Welt kämpfen, nachhaltiger leben – aber lasst uns nicht aufhören, Kinder zu kriegen.“

Ja, Kinder in die Welt zu setzen ist ein großer Schritt, sowohl für die Mutter als auch für dich als Vater. Scheiße muss weggewischt werden, du wirst die Kontrolle über deine Schlafenszeit abgeben und manchmal wird es verdammt laut werden, aber es lohnt sich trotzdem! Noch kann mein Sohn nicht sprechen, aber bei jedem Lachen von ihm geht mir das Herz über. Und er lacht viel. Balsam für die Seele. Bald wirst du das erleben.

- Der ganze Text von Michael Götz mit dem Titel „Warum wir aufs Kinderkriegen nicht verzichten sollten" ist auf stern.de/neon nachzulesen.
- Podcasts gibt es zu jedem Thema. Auch für werdende Väter kann ich zwei Empfehlungen abgeben. Unter den Titeln *Drei Väter – Ein Podcast* und *Beste Vaterfreuden* findest du auf gängigen Podcast-Plattformen Geschichten, Erfahrungen, Tipps, Gedanken und Meinungen von anderen Papas zu den Themen Vater werden, Schwangerschaft, Geburt und allem drumherum.

Was Väter alles können – sprechen wir über Erwartungen, Sorgen und Ängste

Die eigentliche Umstellung nach der Geburt wird sowohl für dich als auch für deine Partnerin diejenige sein, dass ihr nicht mehr zu zweit, sondern zumindest zu dritt seid. Euer Status wechselt von „(Zweier-)Beziehung“ auf „Familie“. Und das macht einen großen Unterschied, der vielen nicht bewusst ist. Aber es geht noch weiter. Du wirst bald nicht nur Sohn sein (sofern deine Eltern bzw. ein Elternteil noch lebt), sondern gleichzeitig auch Vater. Daran muss man sich erst einmal gewöhnen bzw. du dir deinen Platz erst aushandeln, möglicherweise sogar „erkämpfen“, um als Vater ernst genommen zu werden.

Außerdem stellt sich wohl jeder irgendwann Fragen wie: „Werde ich ein guter Vater sein?“, „Bin ich überhaupt dazu fähig, ein guter Vater zu sein?“, vor allem aber: „Was ist überhaupt ein guter Vater?“ Allein für die Beantwortung dieser Fragen könnte man ein ganzes Buch schreiben. Meine Erfahrung ist, dass sich solche Fragen zwar oft aufdrängen, aber manchmal auch vom

Tun abhalten. Wege entstehen beim Gehen, ähnlich verhält es mit der eigenen Rolle als Vater, und gerade in dieser Rolle gibt es ständig etwas zu entdecken und zu lernen.

Es wird Momente geben, in denen du kein guter Vater sein wirst. Das ist ok, du bist kein übermenschlicher Superheld. Denn manchmal wirst du oder werdet ihr als Eltern überfordert sein, es wird den Moment geben, an dem deine Geduld am Ende sein wird und Grenzen gesetzt werden müssen oder du einfach müde sein wirst. Es wird Momente geben, in denen die Erziehung des Nachwuchses dazu führt, dass dich eben dieser Nachwuchs nicht leiden kann oder wegen dir weint und schreit, weil du auch mal Nein sagen musst und das Kind damit umgehen lernen wird müssen, dass es gewisse Regeln (zum Beispiel im Umgang mit anderen Menschen) gibt. Ein guter Vater zu sein ist nicht dasselbe wie der beste Kumpel zu sein. Dafür sind andere da. In weiterer Folge ist ein guter Vater nicht automatisch ein guter Partner. Die Bedürfnisse deines Kindes sind andere als jene deiner Partnerin. Aber beide wollen beachtet werden.

Ein guter Vater zu sein bedeutet aber auf jeden Fall, sich mit seinem Kind zu beschäftigen, sich Zeit zu nehmen. Ein guter Vater übernimmt langfristige Verantwortung, hat Interesse an dem, was mit dem Nachwuchs gerade so passiert und zeigt der Mutter und den Nachkommen seine Wertschätzung. Das darf sich umgekehrt auch der Vater erwarten. Es geht aber nicht darum, als Vater die bessere Mutter zu sein. Manchmal bedeutet ein guter Vater zu sein auch, sich von Idealen und Vorstellungen über die Vaterschaft aus der Zeit, als du noch keine Kinder hattest, zu verabschieden. Du wirst wachsen in den nächsten Jahren, dich weiterentwickeln.

Gleich hier kannst du dann noch die Frage „Welche Eltern wollen wir sein?“ anhängen. Darüber und über eure eigenen Grenzen und Ängste kannst du schon vor der Geburt eures Sprosses mit deiner Partnerin sprechen. So könnt ihr Wege finden, die Aufgaben gemeinsam zu meistern und als Paar daran zu wachsen.

Eine meiner großen Ängste war immer, dass die Geburt unseres Kindes die Beziehung zu meiner Partnerin insofern verändern würde, als dass wir beide eben nur mehr Eltern sein und wir alle anderen menschlichen Bedürfnisse vergessen, wir uns entfremden und am Ende trennen würden. Deshalb ist es mittelfristig natürlich wichtig, sich Zeit sowohl für sich allein als auch für sich als Paar zu nehmen, trotz Nachwuchs, und an der gemeinsamen Beziehung zu arbeiten.

Aber auch ganz andere Ängste gehen dem werdenden Vater durch den Kopf: „Kann ich mir ein Kind überhaupt leisten (finanziell & zeitlich)?“, „Ist jetzt überhaupt der richtige Zeitpunkt dafür?“, „Wie bekomme ich das mit der Schule/Ausbildung/Lehre alles unter einen Hut?“, „Verliere ich jetzt alle meine Freiheiten?“, „Wird sich meine Partnerin verändern?“, „Werde ich mich verändern?“, „Wird sich unser Sexleben verändern?“, „Werden Baby und Mutter die Schwangerschaft und die Geburt gut überstehen und wie baue ich eine gute Beziehung zu meinem Kind auf?“. Andere sehen oft gar nicht, was in dir gerade so alles vor sich geht. Sorgen, Befürchtungen und Ängste gehören neben den vielen Freuden und Glücksmomenten zum Papa werden und Papa sein. Du musst mit diesen aber nicht allein bleiben.

- Sprich mit deiner Partnerin offen über Befürchtungen und Ängste, redet miteinander. Was angesprochen wird, verliert durchs Ansprechen allein oft schon den Schrecken. Hört einander zu und unterstützt euch. Dann können Mittel und Wege gefunden werden, väterliche Herausforderungen zu meistern.
- Gibt es Kumpels oder Freunde, die schon Väter geworden sind? Sprich mit ihnen doch einmal über das, was in deinem Kopf so vorgeht.

- Wie ist die Beziehung zu deinem Vater? Vielleicht kannst du auch mit ihm übers Vater werden und Vater sein sprechen. Das wiederum kann dazu beitragen, dass sich eure Beziehung weiterentwickelt.
- Das Hebammenzentrum in Wien bietet ein Spektrum an in Österreich bisher einzigartigen Angeboten für Männer an. Du kannst Einzelberatung von einem Mann oder einer Hebamme in Anspruch nehmen, es gibt Vorträge speziell für werdende Väter, aber auch Papa-Kind-Turnen und noch vieles mehr. Leider gibt es nicht in jedem Bundesland solche Services. Im Anhang findest du aber einen ersten Überblick über die unterschiedlichen Angebote.

Lass uns auch über faire Arbeitsteilung sprechen. Mütter und Väter brauchen gegenseitige Unterstützung, um alle Aufgaben im Familienleben zu meistern und nicht verrückt zu werden. Das bedeutet aber nicht, dass jeder alles machen muss. Das führt eher zu doppelter Arbeit und mehr Stress, denn auch die Koordination der täglichen Aufgaben kann eine aufwendige Angelegenheit werden. Dem anderen eine besprochene Aufgabe zu überlassen hat auch mit Vertrauen zu tun. Umgekehrt bringt es niemandem etwas, wenn bei einem Partner das Gefühl entsteht, sich für den anderen und/oder das Baby aufzuopfern. Arbeit kann aufgeteilt werden – die Aufgabe besteht für euch eher darin, dies so zu machen, dass es für deine Partnerin und dich passt und alles abgedeckt ist. Du kannst dir aber in einer Sache sicher sein: Gleichberechtigte Paarbeziehungen auf Augenhöhe ergeben auch gute Vater-Kind-Beziehungen.

- Ein bereits etwas älterer, aber wirklich großartiger und lustiger Text zum Thema Vater werden und Geburt lautet „Ein Vater wird geboren" von Ephraim Kishon. Er ist auf soundcloud.com frei zugänglich.

Vor der Babybauchzeit

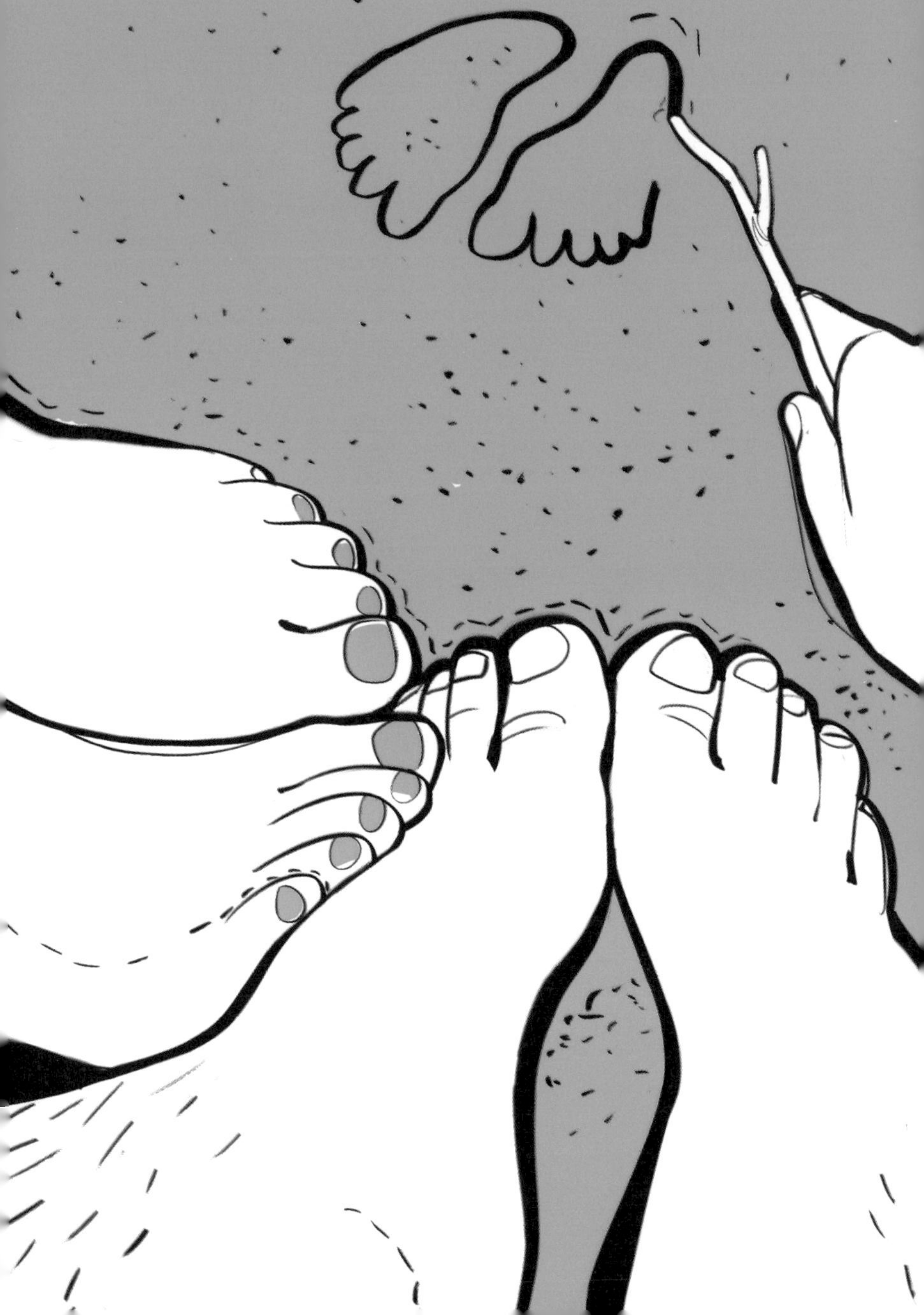

Gleich vorweg: Wenn ihr schwanger werden wollt, macht euch keinen Stress, denn das ist eurem Ziel am wenigsten zuträglich. Habt Spaß aneinander und am Sex! Genießt eure gemeinsame Zeit im Bett oder wo auch immer, lebt euch aus und entspannt euch, lasst es euch gut gehen. Das ist mal der erste und wichtigste Tipp. Richtig entspannt zu sein ist aber manchmal gar nicht so einfach, da der Sex plötzlich ein Ziel hat – und das kann den eigenen Kopf schon nachhaltig beschäftigen. Wir alle wissen, zu viele Gedanken können beim Sex richtig stören und aus einer schönen Sache etwas sehr Anstrengendes machen. Vielleicht hast du die Serie *Trailer Park Boys* gesehen. Auch Ricky, eine der Hauptfiguren, hat sich Gedanken zur Thematik gemacht, wenn er sagt: „Banging for to make a baby is a whole different kettle and dish from regular banging. Like, you actually have to warm up and stretch. It's all about the timing, how fucking hard you bang."

Lustig, aber nicht wahr. Deshalb noch einmal: Lasst es euch gut gehen, entspannt euch, und wenn die Brieftasche es zulässt, macht einen gemeinsamen Urlaub. Der Rest kommt dann von selbst.

Nach der Verhütung ist nicht immer gleich vor der Verhütung

Ihr habt euch also entschieden, das mit der Verhütung sein zu lassen. Ein großer Schritt, der erstmal keine sofort spürbaren Veränderungen mit sich bringt und dennoch der Beginn eines komplett neuen Lebensabschnittes sein kann. Solange man kein Kind und die damit verbundene Verantwortung haben möchte, sollte man das mit der Verhütung tatsächlich sehr ernst nehmen, wie auch immer die konkrete Art aussehen mag. Nur so viel: Der Koitus Interruptus, also das Herausziehen des Penis aus der Vagina vor deinem Höhepunkt samt Samenerguss, ist die denkbar schlechteste davon.

Viele Frauen verhüten mit der Pille und viele Männer erwarten das von ihnen. Der Ruf der Pille hat in den letzten Jahren aber gelitten und es macht auch für dich als Mann Sinn, über Alternativen nachzudenken. Langzeitfolgen und Nebenwirkungen des Hormonpräparats sind noch immer nicht gänzlich erforscht. Die Pille steht u.a. im Verdacht, in potenziellem Zusammenhang mit Schlaganfällen bei (jungen) Frauen oder mit Depressionen zu stehen, und nicht zuletzt kann die Lust auf Sex bei Frauen, welche die Pille längere Zeit einnehmen, gegen Null tendieren.

Wer wünscht seiner Freundin schon, dass deren Libido künstlich eingeschränkt wird oder dass sie ihre eigene Sexualität aufgrund der langen Einnahme der Pille vielleicht nie komplett kennengelernt hat? Dann vielleicht doch besser das Kondom. Auf jeden Fall kann es nach längerer Einnahme der Pille etwas dauern, bis sich der Hormonhaushalt und Zyklus wieder richtig eingestellt haben und auch das mit dem Schwangerwerden smooth funktioniert.

Meine Freundin und ich haben uns vor diesem Hintergrund für die Kupferkette als Verhütungsmittel entschieden. Alternativ bieten sich auch verschiedene Spiralen als Verhütungsmittel an. Die Spirale wirkt auf Hormon-, Kupfer- oder Goldbasis und wird vom Frauenarzt eingesetzt. Hat dieser alles richtig gemacht, bietet die Verhütungsmethode einen hohen Komfort für die Trägerin, kombiniert mit effizienter Verhütungsleistung.[1] Einen Fehler, den wir gemacht haben, könnt ihr euch aber sparen. Bedenkt, dass die Spirale und auch die Kupferkette um die 500 Euro kosten. Es ergibt also Sinn, diese ein Jahr lang oder länger zu tragen. Wenn ihr, wie wir, nach einigen

1 Auch diese Art der Verhütung kann Nachteile mit sich bringen. Speziell das Einsetzen der Spirale kann für eine Frau eine schmerzhafte und sogar traumatische Erfahrung sein.

Monaten draufkommt, dass ihr doch ein Baby wollt, dann gibt es für euch günstigere Methoden, um zu verhüten. Detaillierte Beratung dazu bekommt ihr auf jeden Fall beim Gynäkologen.

Wir alle haben früh gelernt, dass gerade das Kondom am besten vor Geschlechtskrankheiten schützt, auch wenn – samma uns ehrlich – es sich mit Gummi oft einfach nicht so gut anfühlt wie ohne. Aber wir sind verantwortungsvolle Männer, weshalb verantwortungsvolles Verhüten kein Problem für uns ist. Denn Sex ohne Verhütung = potenzielles Baby. Und tatsächlich habe ich einige Freunde, die ihre Verantwortung in einem schwachen (oder geilen) Moment an das Universum abgegeben haben und dann ungewollt schwanger wurden. Und wie es der Teufel so will, waren gerade jene Freunde, die unbedingt Eltern werden wollten, oft besonders lange mit dem Matratzensport beschäftigt, ehe es geklappt hat.

Eine Sache habe ich in all den Jahren aber immer übersehen bzw. war mir das als Mann kaum bewusst. Nämlich, dass es einen großen Unterschied macht, *wann* man Sex hat. Deine Partnerin ist nicht immer gleich fruchtbar und auf die besonders fruchtbaren Tage zu achten, kann das Ziel schwanger zu werden tatsächlich deutlich erleichtern.

Wann sind die fruchtbarsten Tage?

Nie war es leichter, das herauszufinden, und dennoch ist der Zyklus für viele Männer ein Tabuthema oder ein Mysterium. Einerseits gibt es etliche Apps, wie *Clue* oder *myNFP,* welche angeben, genau berechnen zu können, wann die besonders fruchtbaren Tage einer Frau sind. Aber nicht jede Frau will so intime Dinge wie ihren Zyklus unbedingt einer anonymen App anvertrauen, vor allem, da es sich gerade hier mit dem Datenschutz oft spießt. Ihr könnt es euch aber auch ganz einfach selbst ausrechnen: Die fruchtbarsten Tage sind ein schmales Zeitfenster rund um den Eisprung. Dieser findet wiederum etwa zwei Wochen vor dem Ende des Zyklus' (also vor Beginn der Menstruation) in einem der beiden Eierstöcke statt. Ab dann sind es circa 24 Stunden, in der die Eizelle befruchtet werden kann. Timing ist also entscheidend. Das erwähnte Zeitfenster, in dem eine Frau am ehesten schwanger werden kann, lässt sich auf die zwei Tage vor dem Eisprung und den Tag des Eisprungs selbst eingrenzen. In diesem Zusammenhang ist auch die Info relevant, dass Spermien maximal fünf Tage im Körper einer Frau überleben können.

So weit, so gut. Allerdings kann der Zyklus einer Frau auch schwanken, was eine Berechnung deutlich erschweren kann. Im Durchschnitt dauert dieser etwa 28 Tage, allerdings haben viele Frauen einen längeren oder kürzeren Ovulationsszyklus (individuell kann dieser zwischen 21 bis zu 35 Tage dauern). Deine Partnerin, Frau oder Freundin weiß wahrscheinlich am besten über ihren Körper Bescheid. Redet darüber und ihr werdet den Zeitpunkt finden, sofern der Zyklus eine gewisse Regelmäßigkeit aufweist. Ovulationstests oder Fertilisationsmonitoren, welche die Hormonkonzentration im Urin mit Hilfe von Teststreifen bestimmen, können euch dabei unterstützen. Notfalls kann auch ein Gespräch beim Frauenarzt Licht ins Dunkel bringen.

Beachtet aber unbedingt, dass ein Zyklusrechner als Verhütungsmittel eine heikle und unsichere Angelegenheit ist, auf die ihr euch, wenn ihr nicht schwanger werden wollt, besser nicht verlassen solltet. Auch wenn manche Apps Gegenteiliges behaupten.

Fit for fucking?

Ihr habt die Tage ausfindig gemacht, an denen es mit der Schwangerschaft am besten klappen sollte, Spaß aneinander, immer wieder Sex und trotzdem bleibt der Erfolg aus? Kein Problem, du kannst noch einiges tun, um die Wahrscheinlichkeit, dass deine Partnerin schwanger wird, nach oben zu schrauben. Denn in immer mehr Fällen sind die Gründe für den nicht erfüllten Kinderwunsch beim Mann zu suchen – Tendenz steigend. [2] Genau hier setzen wir an. Denn einen Vorteil hast du auf jeden Fall: Das Alter ist für zeugungsfreudige Männer, anders als bei Frauen, ein weniger relevanter Parameter für die Fortpflanzungsfähigkeit, wenngleich die Wahrscheinlichkeit auf Chromosomenschäden bzw. Chromosomenfehlverteilungen bei Babys auch mit dem Alter des Vaters zusammenhängt und zunimmt.

Dazu gilt es einmal, mit dem Mythos aufzuräumen, dass sexuelle Enthaltsamkeit die Menge und Qualität der Spermien steigert. Das Gegenteil ist der Fall! Viel Sex zu haben ist also gleich mal das beste Mittel, um den Laden auf Vordermann zu bringen, denn frische Spermien sind gute Spermien. Und sportlich bist du sicher obendrein. Du legst manchmal auch gerne selbst Hand an? Das ist in Ordnung, ab und an Masturbieren ist keine Verschwendung. Für deine Spermien macht es keinen Unterschied, durch welche Reize du zum Orgasmus kommst. Hebe dir aber etwas Leidenschaft und Energie für deine Partnerin auf.

Die Grundlage: gesunde Ernährung

Es liegt nahe, man(n) hört es aber nicht immer gerne. Gesunde und ausgewogene Ernährung bedeutet gesunde Spermien. Es

2 Online unter: www.focus.de/gesundheit/ratgeber/maenner/sperma-immer-mehr-maenner-sind-zeugungsunfaehig-mit-dramatischen-folgen_id_10142767.html

kann sich also wirklich lohnen, mal etwas mehr frisches Obst, Gemüse, Nüsse – vor allem Walnüsse, da diese viel Zink enthalten –, zu essen und überhaupt auf eine abwechslungsreiche Ernährung zu achten. Nahrungsmittelergänzungen, Tabletten und Pulver dieser Art lass aber mal besser, wenn nicht vom Arzt verschrieben, im Schrank.

Deine Spermien mögen es kühl. Warmduschen ist kein Problem, ab und an Sauna auch nicht, aber verzichte bei langen Autofahrten auf die Sitzheizung oder besonders enge Hosen und Unterhosen und in der Therme bleib besser nicht den ganzen Tag im über 28 Grad warmen Wasser. Dein Sack wird's dir danken.

Wissenschaftliche Studien haben darüber hinaus auch gezeigt, dass Männer, deren Body-Mass-Index weit überschritten wird, weniger Samenzellen produzieren. Oder anders gesagt: Je übergewichtiger der Mann, desto größer die Tendenz, weniger (neue) Spermien zu entwickeln.[3] Regelmäßiger Sport und Bewegung werden eurem Vorhaben schwanger zu werden deshalb nicht im Wege stehen, im Gegenteil. Also raus an die frische Luft, am besten, wenn die Sonne scheint, denn Vitamin D unterstützt nachweislich die Produktion von Spermien. Regelmäßiger Sport steigert darüber hinaus den Testosteronhaushalt und kann helfen, Stress abzubauen. Gerade Stress ist in unserer Gesellschaft ein nicht zu verachtender Faktor für verminderte Fruchtbarkeit. Aber auch beim Sport gilt: nicht übertreiben und Finger weg von Hormonen, die dein Muskelwachstum steigern sollen. Die Muskeln werden dadurch vielleicht mehr, deine Spermien aber bestimmt nicht. Klingt nun auch wie ein Klischee, ist aber tatsächlich so: Der sehr intensive Radrennsport ist wohl die einzige nicht zu empfehlende Sportart, wenn du deinen Spermien etwas Gutes tun willst.

3 www.kinderwunschzentrum.at/uebergewicht-reduziert-spermienqualitaet-erheblich

Langes Sitzen auf einem harten Rennradsattel macht deine kleinen Helden nachweislich nicht glücklich.

Vorsicht mit Alkohol, Zigaretten & Co.

Du hast es wahrscheinlich schon geahnt und hast damit recht behalten: Tabakkonsum wirkt sich besonders negativ auf die männliche Fruchtbarkeit aus. Ich habe einige Freunde, die jeden Tag Zigaretten rauchen und trotzdem Vater wurden, aber eure Chancen steigen wesentlich, wenn du zumindest einige Monate die Finger von den Lungenbräunern lässt. Selbes gilt auch für Shishas und E-Zigaretten, denn auch in diesen ist Nikotin u. Ä. enthalten.

Für die besonderen Connaisseurs und Genießer ist aber wohl eine andere Frage wesentlich interessanter. Wie ist das mit dem Cannabiskonsum? Die Auswahl an seriösen und aussagekräftigen Studien ist in diesem Feld noch überschaubar und gerade Langzeitfolgen vom THC-Genuss sind noch wenig erforscht. Tatsächlich aber scheint täglicher Konsum über mehrere Jahre hinweg sowohl die Libido zu schwächen als auch die Samenqualität zu mindern. Für viele ist unumstritten, dass Cannabis als Aphrodisiakum genutzt werden kann und zumeist auch das Erlebnis beim Sex intensiviert. Das funktioniert bei den meisten Menschen aber nicht bei täglichem Konsum. Im Zweifelsfall eine Pause einlegen oder stark reduzieren. Auch wenn es schwerfällt.[4]

Egal ob du jetzt mal kiffst oder einfach gerne Zigaretten rauchst, das Wissen über eine baldige Elternschaft ist auf jeden Fall einer der besten Gründe, mit dem Rauchen aufzuhören oder zu reduzieren und deiner Partnerin zu signalisieren, dass du bereit bist, Verantwortung zu übernehmen.

---

4 www.aerztezeitung.de/Medizin/Spermien-auf-Dope-255644.html & www.derstandard.at/story/2000097681866/verbessert-kiffen-die-spermaqualitaet

Schließlich das Thema Alkohol. Ab und an ein Bier, ein gepflegtes Glas Whiskey oder Cognac, vielleicht ein Glas Wein, ist bei einem gesunden Mann kein Problem, aber auch hier solltest du bedenken, dass regelmäßiger Alkoholkonsum deine Fruchtbarkeit sinken lassen kann. Behalte das also im Auge und konsumiere Rauschmittel seltener und dafür vielleicht bewusster. Und wenn du jetzt schon deine Gewohnheiten zu ändern beginnst, wird dir das viele Pluspunkte und Respekt bei deiner Partnerin einbringen. Immerhin sollte sie in der gesamten Schwangerschaft und der Stillzeit überhaupt keinen Alkohol trinken und nicht rauchen.

Übrigens wird deine Partnerin nun möglicherweise auch darauf achten, ihren Koffeinkonsum etwas einzuschränken. Zwei Tassen Kaffee sind bei gewohntem Konsum unbedenklich, sehr viel mehr sollten es aber nicht werden, denn auch das Baby kann Herzrasen bekommen. Auch Energydrinks und manche Tees enthalten Koffein – es gilt hierbei, auf den Gesamtkonsum zu achten.

- Egal, ob Tabak, Kaffee, Alkohol oder andere Rauschmittel: Überlege dir schon mal, ob du nicht jetzt schon mit dem Verzichten anfängst. Wenn du dann aber immer schlechte Laune hast, ist es wohl besser auf das Verzichten zu verzichten. Leichter geht das mit dem Aufhören/Reduzieren zu zweit: So ein Ziel kann sehr zusammenschweißen, was am Beginn einer Schwangerschaft genau das Richtige ist. Schlag es deiner Partnerin doch mal vor, sprecht darüber und vielleicht habt ihr dann schon eine neue gemeinsame Mission. Zusätzliche Motivation kann übrigens das „auf die Seite legen" des ersparten Geldes bringen. Statt Tabak oder ähnlichen Rauchwaren könnt ihr euch dann, wenn das Baby da ist, gemeinsam etwas Gutes tun. Und wenn euer kleiner Schatz dann da ist, willst du vielleicht, dass er dich an deinem Papa-Geruch erkennt und nicht am Gestank von Zigaretten.

Wann holen wir uns Rat beim Facharzt?

In der Regel gilt, dass man ruhig ein ganzes Jahr am Babyprojekt basteln darf, bevor man sich an einen Professionisten wendet. Geduld und Stresslosigkeit sind hervorragende Mittel, um dem Ziel schwanger zu werden, näherzukommen. Deine Partnerin und du seid ein Team, ihr unterstützt euch gegenseitig, baut euch auf und lasst es euch miteinander gut gehen. Kümmert und sorgt euch umeinander und ihr habt schon großartige Voraussetzungen für alles geschaffen, was noch kommen mag. Leistungsdruck ist hingegen alles andere als hilfreich und solchen kann man sich als Mann, gerade beim ersten Kind, schon mal selbst machen. Man(n) will zeigen, was in einem steckt.

Außerdem leben wir in einer Gesellschaft, in der Zeugungskraft und Potenz immer noch gleichgesetzt werden mit Stärke, Manneskraft und Männlichkeit. Da will niemand als vermeintlicher Versager dastehen. Umgekehrt ist man der Held, wenn es besonders schnell klappt. Auch für mich waren solche Gedanken am Anfang stark präsent, und genau das kann hemmend wirken und psychisch richtig belastend werden. Vergiss nicht: Auch wenn du alle Ratschläge beherzigt hast, kann es einige Wochen oder sogar Monate dauern, bis sich die Spermienqualität tatsächlich verbessert. Nach zwei Monaten hat es bei meiner Freundin und mir aber schon geklappt und alle Sorge war vollkommen umsonst. Der beste Rat für deine Partnerin und dich ist also: Keep calm and keep on fucking.

Was, wenn es länger dauert?

Du hast alle wichtigen Punkte beachtet, doch nach dem erwähnten Jahr hat sich noch immer kein Erfolg eingestellt? Es ist nicht aller Tage Abend! Ab zum Hausarzt, der dich dann zum Facharzt weitervermitteln kann oder auch gleich zum Urologen. Dort bist du mit deinen Sorgen und Anliegen gut aufgehoben und es kann individuell auf eure Situation als Paar bzw. dich und deine Umstände eingegangen werden. Möglicherweise wird ein Spermiogramm erstellt, das die Qualität deiner Samen überprüft. Das Ganze ist eine aufregende und intime Sache, weil dadurch abgelesen werden kann, wie hoch deine Zeugungsfähigkeit ist. Es ist verständlich, dass man Angst hat, eine Nachricht zu bekommen, die man nicht gerne hören möchte. Niemand will die Diagnose „zeugungsunfähig" erhalten. Jeder möchte „Manns genug" sein. Dennoch gilt es, der Wahrheit ins Auge zu schauen, denn nur, wenn man die Ursache für den unerfüllten Kinderwunsch findet, kann daran gearbeitet werden, diesen Wunsch doch noch wahr werden zu lassen. Stolz ist hier auf jeden Fall kein guter Ratgeber, immerhin wird sich auch deine Partnerin untersuchen lassen.

Der Kontrollablauf für ein Spermiogramm umfasst unter anderem die Bestimmung der Spermienbeweglichkeit und Morphologie (schaffen sie den langen Weg bis zur Eizelle?), das Volumen-, sowie die Spermienkonzentration (sind es ausreichend viele?). Zwar gibt es auch die Möglichkeit, einen solchen Test zu Hause zu machen, um aber ein seriöses Ergebnis zu erzielen und dieses auch richtig interpretieren zu können, ist der Weg zum Facharzt definitiv jener, der zu bevorzugen ist. Was die Kosten betrifft, entscheidet die Krankenkasse in Österreich von Fall zu Fall über eine Finanzierung.

Meine Freundin ist knapp zwei Jahre älter als ich. Heute alles andere als ungewöhnlich. Nicht nur Männer suchen sich jüngere Partnerinnen, das funktioniert auch umgekehrt. Dass Anna kurz vor ihrem 34. Geburtstag war, haben wir bei unserer Familienplanung mitbedacht, da die Eizellenqualität ab dem 35. Lebensjahr rapide abnehmen kann. Auch die gesundheitlichen Risiken sind für die werdende Mutter ab 35 Jahren größer.

Allerdings wird sich diese Zahl in den nächsten Jahren wohl etwas nach oben bewegen, denn durch bessere Versorgung und Ernährung ist eine Schwangerschaft ab dem 35. Lebensjahr in Wirklichkeit bald eher ein Normalzustand als eine Ausnahme. Dein Alter spielt eine etwas weniger relevante Rolle, allerdings gibt es auch bei Männern einen Zusammenhang zwischen Alter und Chromosomfehlverteilung (z. B. Trisomie 21) bei Kindern. Komplett egal ist also auch dein Alter nicht.

Schwanger werden ist das Eine – schwanger bleiben dabei das Andere. Frauen über 38 Jahren haben eine markant geringere Wahrscheinlichkeit, auch schwanger zu bleiben und das Ungeborene nicht frühzeitig zu verlieren. Deine Partnerin befindet sich in diesem Alter oder darüber? Da kann es ratsam sein, dass ihr euch beide auch schon früher als nach einem Jahr an den Facharzt wendet.

Das erste Trimester

Jetzt ist es endlich soweit, ihr seid schwanger! Dude, es hat geklappt und ich darf dir herzlich gratulieren! Vielleicht hast du die frohe Botschaft schon ordentlich gefeiert, vielleicht behältst du es lieber noch für dich, weil du das erst verdauen musst. So oder so, dein Leben und das deiner Partnerin werden im Laufe des nächsten Jahres ordentlich durcheinandergewirbelt werden. Verantwortlich dafür ist ein noch klitzekleiner Zwerg im Bauch. Mehr als je zuvor wird deine Freundin deine Verbündete, deine Weggefährtin, deine Partnerin in Crime sein und dich manchmal vielleicht auch in den Wahnsinn treiben. Die nächsten Monate werden für euch einzigartig werden und es kommt einiges auf dich zu, von dem du bisher noch nie gehört hast oder wofür du bisher kein Bewusstsein hattest. Auf dich steuern auch einige Rollen zu, die du so möglicherweise noch nie einnehmen musstest. Natürlich, du wirst Vater. Davor bist du aber schon Geheimnishüter und Zuhörer, Essensbesorger und Gemütlichmacher, Kraftspender und Mutzusprecher, Masseur, Möbelpacker, Mitdenker, Geduldaufbringer, Wäschewascher, Koch und vieles mehr. Es wird großartig, denn ihr könnt eure Freude teilen, es ist euer gemeinsames Baby!

Ich denke, bei all dem, was da kommen mag, kannst du dich auf eines verlassen: Solange du mit deiner Partnerin ein Team bist, ist es leichter. Umso wichtiger ist es, in den nächsten Monaten nicht eure eigenen und gemeinsamen Bedürfnisse zu ignorieren. Klar, ihr werdet Mama und Papa, aber abgesehen davon seid ihr noch mehr füreinander. Denn eure Gemeinschaft war es, was eure Beziehung vor der Schwangerschaft so toll gemacht hat und davon darf ruhig auch während und nach der Schwangerschaft etwas übrig sein. Tatsächlich hatte ich die Befürchtung, in den Augen meiner Freundin nach der Geburt unseres gemeinsamen Kindes nur mehr Vater und Erzieher zu sein. Aber wir Männer sind auch, nachdem wir Vater geworden sind, facettenreich und haben Bedürfnisse. Solltest auch du hier etwas unsicher sein, dann gibt es einen Weg:

Nehmt euch Zeit und sprecht miteinander schon jetzt darüber. Teile ihr deine Ängste mit und sucht gemeinsam nach Quality Time für euch beide. Dass ihr nicht aufeinander vergesst und euch wertschätzt, kann ein solides Fundament für eine lange Beziehung sein, auch und gerade nach der Geburt.

Ihr wart erfolgreich!

Die ersten drei Monate der Schwangerschaft waren für mich als werdender Vater besonders eigenartig und dir geht es möglicherweise ähnlich. Die Periode ist bei Anna ausgeblieben, was ja schon ein starkes Zeichen für Erfolg ist. Ich habe mich aber noch einige Tage vor der tatsächlichen Erkenntnis gedrückt. Auf einmal wollte ich doch nicht gleich wahrhaben, dass ich Vater werde. Obwohl ich es mir so sehr gewünscht hatte, wurde ich innerlich unruhig. Ich habe in diesen Tagen noch mehr gearbeitet als sonst und so automatisch etwas weniger Zeit für Anna gehabt. Ich war nervös und habe mich mit Arbeit abgelenkt. Diese Reaktion hat mir vier Tage gebracht und Anna einiges an Belustigung über ihren realitätsverweigernden Freund. Schließlich gab es kein Zurück mehr. Auf ihre Aufforderung „Wir müssen reden" konnte ich nur ein „Nein, bitte nicht" erwidern. Dann hat mich Anna auf den Boden der Realität geholt und mir die Nachricht von dem positiven Schwangerschaftstests überbracht (du kannst dir die Situation durch etliche Serien und Sitcoms wohl sehr gut vorstellen. Die Klischees haben in meinem Fall gestimmt.). Ich habe natürlich gewusst, was los ist, wollte mich dem aber doch nicht sofort stellen. Der darauffolgende Frauenarztbesuch hat endgültige Gewissheit gebracht.

Nun beginnt ein großes Abenteuer! Und möglicherweise weiß noch niemand davon, außer euch beiden! Den Moment, in dem du davon erfahren hast, wirst du so schnell wohl nicht vergessen, in deinem Kopf rasen nun sicher viele Gedanken um die Wette. Gefühlsmäßig kann es jetzt erst mal drunter und drüber gehen, nicht nur bei deiner Partnerin. Das ist völlig normal, denn zur Freude mischen sich schnell Unsicherheiten und es kann einige Tage dauern, bis du tatsächlich realisierst, dass es wahr ist: Du wirst Vater! Ich musste für diese Erkenntnis erst einmal drei Stunden die Decke anstarren, bis es wirklich zu sickern begann und die Erkenntnis langsam mein Hirn erreichte. Hat sich der erste emotionale Sturm erst einmal gelegt, tauchen im Kopf viele Gedanken auf. Was ist jetzt zu beachten und zu tun?

Geschmeidig bleiben! Für alle eure zukünftigen Entscheidungen in der Schwangerschaft gibt es eine Faustregel: Die werdende Mama fühlt, was richtig ist und was nicht. Ihrem Gefühl und ihrer Intuition kannst du vertrauen, denn was ihr Körper sagt, stimmt. Sie spürt, wo die Reise hingehen soll und bemerkt als Erste, wenn etwas nicht in Ordnung sein sollte und sie bzw. ihr Unterstützung benötigt.

- Deine Partnerin ist zum Zeitpunkt eurer Gewissheit schon einige Tage oder wenige Wochen schwanger. In dieser Zeit wart ihr vielleicht auf Partys, habt gefeiert, wie es sich gehört, ihr habt vielleicht geraucht und getrunken und das Leben genossen. Dann habt ihr erfahren, dass ihr Eltern werdet, und nun habt ihr ein schlechtes Gewissen, denn möglicherweise habt ihr das kleine Wesen in ihrem Bauch in dessen Entwicklung gefährdet? Keine Sorge, zu diesem frühen Zeitpunkt gibt es vordergründig zwei Optionen für den Zellhaufen im Bauch: alles oder nichts. Wenn es passt und das Erbgut des werdenden Lebens unbeschädigt ist, behält der Körper deiner Partnerin das neue Leben. Ist dem nicht so, beendet ihr Körper die Schwangerschaft mit der Periode, bevor es überhaupt richtig los geht. Ab der vierten Schwangerschaftswoche ist das kleine Leben dann mit dem

Blutkreislauf der Mutter verbunden. Ab diesem Zeitpunkt teilen sich die zwei eigentlich alles.

- Seid ihr schon vor der Schwangerschaft, in der Zeit, in der ihr versucht habt, schwanger zu werden, zu den Abstinenzlern gewechselt, erspart ihr euch solche Ängste auf jeden Fall. Wichtig ist aber: Alkohol, Tabak (aktiv oder passiv) und andere Rauschmittel können dem sich nun entwickelnden Leben ab sofort erheblich schaden und die gesunde Entwicklung des kleinen Menschen beeinträchtigen und hemmen.

Beim Frauenarzt

Die Vermutung, dass ein Baby im Anmarsch ist, ist der beste Grund, zum Frauenarzt mitzugehen. Das solltest du als Mann einmal (oder öfter) erlebt haben. Darüber hinaus signalisierst du deiner Partnerin so, dass du sie nicht allein lässt, dass du sie begleitest, ihr zur Seite stehst und dich mit ihr gemeinsam freust. So kannst du auch beginnen, deine kommende Vaterrolle auszuloten. Abgesehen davon ist es überaus interessant zu sehen, wie die Untersuchungen ablaufen und welche abgefahrenen Geräte in so einer Frauenarztpraxis genutzt werden. Du hast Fragen dazu mitgebracht? Es gibt kaum einen besseren Ort, um diese zu stellen. Einfach mal neugierig sein!

Übrigens: Solltet ihr euch beim Arzt eurer Wahl nicht ganz wohl oder ernst genommen fühlen, könnt ihr natürlich wechseln oder eine zweite qualifizierte Meinung einer Fachperson einholen, bevor ihr Entscheidungen trefft.

Du wirst bei bei diesem Arztbesuch z. B. erfahren, dass eine Schwangerschaft von der 1. bis zur 40. Woche gemessen wird. Diese Wochen teilt man dann durch drei und es entstehen die Trimester. Jedes davon dauert zwölf bzw. das dritte Trimester 14 Wochen. In dieser Zeit wird es unterschiedliche Untersuchungen geben, auf die ich noch näher eingehen werde. In der Regel erhält deine Partnerin nun ein spezielles Nahrungsmittelergänzungsmittel bzw. ein Multivitaminpräparat verschrieben. Durch die unterstützende Einnahme von Vitaminen, Spurenelementen und Mineralstoffen soll Mangelerscheinungen bei Mutter und Embryo sowie Fehlbildungen beim Embryo vorgebeugt werden. Bekannte Präparate sind beispielsweise Femibion, Andreavit, Elevit Pronatal, Bonal Vital usw. Sie werden meistens zum Frühstück eingenommen und führen bei zu häufigem Konsum oder bei Konsum mehrerer unterschiedlicher Präparate oft zu Verstopfungen oder Magenschmerzen (Details mit Hebamme oder Frauenarzt besprechen). Die Verabreichung dieser Präparate ist nicht gänzlich unumstritten, da man zumindest bei einer ausgewogenen Ernährung davon ausgehen kann, dass alle notwendigen Stoffe in ausreichender Menge vorhanden sind. Wer viele pflanzliche Öle zu sich nimmt, ist darüber hinaus sehr gut gerüstet. Dies gelingt in der Realität im oft stressigen Alltag aber nur wenigen und der Bedarf an Folsäure und Omega-3-Fettsäuren ist in der Schwangerschaft wirklich groß, was wieder für die Ergänzungspräparate spricht. Folsäure fördert zum Beispiel die Entwicklung des Neuralrohres. Das Neuralrohr ist die erste Entwicklungsstufe des Nervensystems. Folat ist wiederum das einzige bekannte Vitamin, das einen offenen Rücken (auch als Spina bifida bezeichnet) verhindern kann. Omega-3-Fettsäuren verringern Frühgeburten, sorgen für ein höheres Geburtsgewicht, unterstützen die Entwicklung der Gehirnfunktionen und der Augen.

Verschweigen möchte ich auch nicht die Kosten dieser Präparate. Je nach Produkt und Packungsgröße seid ihr im Monat 30 Euro oder mehr los. Die Kosten werden nicht von der Kasse übernommen.

So oder so, Anna nahm das verschriebene Präparat einmal am Tag ein und war die ganze Schwangerschaft über nie krank und meinte selbst, dass sie sich mit der Einnahme der verschriebenen Nahrungsmittelergänzung sehr wohlgefühlt hat. Unserem Baby scheint es auch nicht geschadet zu haben.

Der Moment, als ich den Zwerg im Bauch über Ultraschall das erste Mal gesehen habe einer, wird mir immer im Gedächtnis bleiben. Es war der Moment, als das anonyme Leben im Bauch meiner Freundin auf einmal sichtbar und konkret wurde. Das haben *wir* gemacht! Überwältigend! Wenn es also irgendwie geht und von deiner Partnerin gewünscht ist, dann begleite sie zu den Untersuchungen, auch wenn du dich manchmal vielleicht etwas fehl am Platz fühlst. Es geht nun mal in erster Linie um deine Partnerin – das gehört dazu. Wenn du aber öfters mit beim Gynäkologen bist, dann wird es für dich bald auch weniger aufregend und normaler. Zumindest ist es mir so gegangen.

Im Körper deiner Partnerin

Wir haben darüber gesprochen, dass Männer am Beginn der Schwangerschaft ihrer Partnerin erst mal keine körperlichen Veränderungen bemerken. Auch so manche werdende Mutter fühlt am Anfang wenig oder nichts, während andere auch ohne Schwangerschaftstest sofort zu wissen scheinen, wenn es geklappt hat. Das ist völlig normal. Aber es könnte einige Entwicklungen geben, die dich oder euch dann doch vom werdenden Glück überzeugen. Zwar ist jede Frau und jedes Baby unterschiedlich und natürlich auch jede Schwangerschaft stark individuell geprägt, dennoch gibt es ein paar Indikatoren, die bei vielen Frauen vorkommen können.

Natürlich bleibt die Periode aus. Das geht nicht anders und fällt Frauen mit einem regelmäßigen Zyklus besonders schnell auf. Auch ein starker Drang zur Toilette kann sich bemerkbar machen. Das ist normal, denn das Schwangerschaftshormon Progesteron verstärkt die Blasentätigkeite (ein Vorgeschmack auf spätere Monate, wenn dann auch noch der Fötus auf die Blase drückt). Auch die (Morgen-)Übelkeit, Appetitlosigkeit und ein generelles „Unwohlsein" stellen sich in den ersten Wochen gerne ein. Manche Frauen trifft es besonders hart, wenn sie wochenlang von einem mehr oder weniger latenten, immerwährenden Brechreizgefühl begleitet werden. Und manche fühlen sich tatsächlich wie an einer schweren, unaufhörlichen Magen-Darm-Grippe erkrankt. Verantwortlich für die Schmerzen ist das Schwangerschaftshormon HCG (Humanes Choriongonadotropin). Es signalisiert dem Körper, vereinfacht gesagt, dass er sich auf das Austragen eines Babys vorbereiten soll und läutet den Beginn etlicher Veränderungen im Körper deiner Partnerin ein. Ab der Befruchtung steigt der HCG-Wert laufend an und kann sich sogar von Woche zu Woche verdoppeln. Dieses Hormon wird auch beim Schwangerschaftstest gemessen, um eine Schwangerschaft feststellen zu können. Erst im zweiten Trimester sinkt dieser Hormonwert wieder, da nun die Plazenta die HCG-Produktion übernimmt. Spätestens dann sollte sich auch das Übelkeitsgefühl etwas legen. Vielleicht habt ihr aber auch Glück und all diese Symptome bleiben aus.

Die Schwangerschaft lässt viele Frauen erstrahlen und manche meinen, schwangere Frauen hätten sogar einen gewissen „Glow". Ich finde, meine Partnerin hatte ihn, und ich habe sie das oft wissen lassen. Andere Frauen wiederum fühlen sich einfach nur elendig. Manche bekommen vom massig produzierten Hormon Östrogen Pickel, andere wiederum wunderschöne Haut und kräftige Haare. Lasst euch von der Hormonlotterie überraschen.

Was mir schließlich bei meiner Partnerin auch noch besonders aufgefallen ist, war neben der sensibleren Nase, die sie entwickelt hatte, die drückende Müdigkeit, von der sie in der Schwangerschaft regelmäßig „heimgesucht" wurde. Klar, ihr Körper vollbringt gerade Höchstleistungen, da kann ein Wochenende zum Ausschlafen schnell zu wenig sein und selbst nach zehn Stunden im Land der Träume wacht deine Partnerin erschöpft auf. Dazu können dann noch vermehrte Toilettengänge in der Nacht kommen, die durchgehenden Schlaf verunmöglichen. Eine Schwangerschaft beansprucht den Körper, mitunter kann dieser Zustand beängstigend, fremd und sogar unheimlich sein. Hab Verständnis! Du kannst die Zeit, in der deine Partnerin schläft, ja anderweitig nutzen oder einfach mit ihr chillen, dösen, kuscheln, etwas vorlesen, ein Hörbuch oder Podcasts anhören, wenn die Zeit dafür da ist. Stell dich darauf ein, es ist eure Zeit.

Stichwort sensible Nase: Es kann sein, dass Gerüche, die deine Freundin immer mochte, für sie auf einmal unerträglich sind. Das Thai Chicken, das du ihr immer gekocht hast und das sie so gerne hatte, löst nun Brechreiz aus. Nimm es nicht persönlich! Solche Geschmacksänderungen sind ganz normal. Spätestens nach der Schwangerschaft legt sich das dann wieder.

Eine Sache möchte ich nicht auslassen: Das mit dem Heißhunger auf Saures, Süßes, Scharfes und Würziges. Hier halten sich einige Klischees, denn nicht jede Frau bekommt Lust auf diese eigenartigen Mischungen. Schokolade mit Gurken ist wohl eher metaphorisch zu verstehen, wenngleich sich die Lust auf gewürzte Extreme verstärken kann. Aber nur weil deine Partnerin schwanger ist, bedeutet dies nicht, dass sie komplett ihren Geschmack verloren hat. Möglicherweise lässt das Sättigungsgefühl nach, was zu größeren Portionen als gewohnt führt. Das hat mich bei Anna oft an einen bekifften

Fressflash erinnert. Die abgefahrenste Speise, die wir während der Schwangerschaft kreiert haben, war übrigens getoasteter Toast mit Toffifee belegt. Für die Erfindung von Nutellabrot mit Milka-Schokolade obendrauf bin ich aber alleine verantwortlich. Geschmeckt hat es uns beiden. Anna war aber auch der Mischung Speck, süße Waffeln mit Zimtzucker und Grapefruitsaft nicht abgeneigt. Vielleicht ist das ja auch was für euch.

Deine Partnerin wird in den meisten Fällen bald auch ein Ziehen in den Brüsten, der Leistengegend und im Bauch spüren und dir davon erzählen. Meistens wachsen die Brüste während einer Schwangerschaft beachtlich und die Brustwarzen werden dunkler. Der sogenannte Milcheinschuss findet aber erst nach der Geburt statt. Und ja, in dieser Zeit können die Brüste deiner Partnerin noch einmal wachsen. Sieht für dich möglicherweise scharf aus, kann für sie aber sehr unangenehm sein, weil sie ihr einfach zu groß, prall und schwer sind. Und auch wer kleine Brüste hat, wird etwas bemerken: Es zieht, spannt und schmerzt. Einige Wochen und Monate nach der Geburt wird die Brust dann meistens wieder etwas weicher und kleiner.

- Viele Medikamente sind für schwangere Frauen oder stillende Mütter nicht geeignet. Auf der Internetseite embryotox.de kannst du ganz leicht überprüfen, welches Medikament bzw. welcher Wirkstoff unbedenklich ist und von welchen ihr jetzt besser die Finger lasst. Die Seite wird von der Charité Universitätsmedizin Berlin betrieben. Darüber hinaus kann euch natürlich der Gynäkologe oder die Hebamme bzw. Hausarzt oder Apotheker eures Vertrauens bei Fragen weiterhelfen.

- Ähnliches gilt übrigens für viele Kosmetikprodukte. Speziell bei Hautpflegeprodukten sollte abgeklärt werden, ob sie Inhaltsstoffe enthalten, die dem ungeborenen Kind schaden können.

Im Zweifel mit den entsprechenden Produkten zum Facharzt gehen oder gleich auf explizit für Schwangere geeignete Produkte umsteigen.

- Du hast wahrscheinlich schon bemerkt, dass überhaupt auf vielen eher alltäglichen Produkten der Hinweis zu finden ist: „Für Schwangere nicht geeignet". Anna und mir ist dies vor allem bei Badezusätzen (z.B. Tetesept) aufgefallen, weshalb wir bei unserer Hebamme nachgefragt und erfahren haben, dass man sich bei den handelsüblichen Badezusätzen in den ersten zwei Trimestern der Schwangerschaft, wenn diese normal verläuft, keine Sorgen machen muss. Firmen wollen sich verständlicherweise absichern – auch hier im Zweifel bei Fachpersonen nachfragen.

Was sich jetzt ändert

Wir befinden uns jetzt in einer Phase, in der wir Männer, anders als unsere Partnerinnen, erst einmal nicht viel spüren. Bis man den wachsenden Bauch erkennt, wird noch das ein oder andere Monat vergehen. Wir Männer spüren weder die körperliche Veränderung noch das seelische Neuland, welches unsere Partnerinnen betreten, wenn zum ersten Mal ein neues Leben in ihrem Körper zu wachsen beginnt. Dennoch gibt es Männer, die durch die starke emotionale Beteiligung an der Schwangerschaft der Partnerin psychosomatische Belastungen oder Beschwerden entwickeln. Hier gilt es dann, mal einen Schritt zurück zu machen, um sich wieder zu erden. Etwas Abwechslung, wie zum Beispiel ein Ausflug, Sport, Freunde zu treffen oder einen guten Film, eine Serie zu sehen oder ein Buch zu lesen, tut gut und nimmt Druck von den Schultern.

So viele Emotionen!

Abgesehen von den beginnenden körperlichen Veränderungen bei deiner Partnerin ist sowohl die Schwangerschaft als auch später die Geburt eine Ausnahmesituation, in der sich Phasen von Selbstzweifel, Angst, Unsicherheit, Anspannung, aber natürlich auch (Vor-)Freude abwechseln können. Ihr kreisen höchstwahrscheinlich immer wieder ähnliche Fragen durch den Kopf: Werde ich eine gute Mutter sein? Wird sich das Kleine im Bauch gut entwickeln? Welche Schmerzen kommen auf mich zu? Ich verrate dir nicht zu viel, wenn ich sage, dass viele dieser Unsicherheiten nicht nur die Partnerin betreffen, sondern natürlich auch dich.

Wenn für sie dann doch mal alles zu überwältigend wird, bist du der beste Partner, wenn du einfach da bist, ein offenes Ohr hast und du dir von deiner eventuell vorhandenen Anspannung erst mal nichts anmerken lässt. Du bist da, wenn sie dich braucht, sie ist es, wenn du einen Felsen benötigst. Wenn sich die Anspannung dann etwas gelegt hat, sprecht bei einer gemütlichen Tasse Tee über eure Befürchtungen und Ängste, Unsicherheiten und Hoffnungen. Einmal ausgesprochen, fallen viele der scheinbar großen Sorgen einfach weg. Ein Gespräch ist wie ein Ventil, um den großen Druck in geordnete Bahnen zu lenken. Manches lässt sich aber auch mit einer entspannten Haltung „von selbst" regeln. Denn wer sich zu viele Gedanken macht und ausschließlich ängstlich über die Zukunft mit Baby grübelt, belastet sich nicht nur selbst, sondern verschwendet auch Zeit. Denn wenn das Baby da ist, wird ja doch alles anders sein, als man es sich hätte vorstellen können, und im jeweiligen Moment macht man dann doch alles gut und richtig. Hab Vertrauen in dich.

Gerade in den ersten Monaten der Schwangerschaft war meine Freundin viel sensibler als sonst und sehr nahe am Wasser gebaut. Kleinigkeiten haben ihr die Tränen in die Augen getrieben. Sie war emotional komplett distanzlos, was ihr übrigens auch selbst aufgefallen ist. In ihrem Körper passierte gerade unheimlich viel, und dann sind da natürlich immer wieder diese Hormone. Das Gefühlschaos hat sich im zweiten Schwangerschaftsdrittel größtenteils gelegt, davor haben wir aber auf einige aufwühlende Serien bei Netflix oder den einen oder anderen emotional besetzten Song verzichtet. Auch Literatur zur Schwangerschaft, zu Babys etc. kann einem in diesem Zustand schnell die Tränen der Rührung oder Überforderung in die Augen treiben – nicht nur der Partnerin, sondern einem selbst. In den ersten Monaten war ich hin- und hergerissen zwischen Vorfreude, Neugierde und Wissensdurst auf der einen Seite, Aufregung und Überforderung auf der anderen. Konkret hat das so ausgesehen, dass ich nie mehr als zwei oder drei Seiten in Ratgeberliteratur lesen konnte, ehe ich das Buch wieder zuschlagen musste, da alles, was ich über die Schwangerschaft und das kommende Baby las, mich völlig überwältigte. Ich konnte mir in der ersten Zeit nur schwer vorstellen, dass ich nun Vater werden würde.

In einigen Büchern habe ich gelesen, dass sich viele Frauen in der Schwangerschaft besonders unattraktiv fühlen und sich aufgrund der veränderten Körperlichkeit auch so wahrnehmen. Bei Anna und vielen meiner Freundinnen war es aber eher so, dass sich die Phasen, in denen sie sich im eigenen Körper wohl gefühlt haben, mit jenen, in denen sie am liebsten „aus der Haut fahren“ wollten, abgewechselt haben. Für Anna hat es immer wieder Tage gegeben, an denen sie sich miserabel gefühlt hat, aber an mindestens ebenso vielen ist es ihr richtig gut gegangen. Das Ausbleiben der Periode hat sie dabei besonders genossen. Egal, ob so oder so, ein lieb gemeintes Kompliment erfreut jeden und macht manches leichter.

Wann verkünden wir die Neuigkeit?

In den ersten Wochen siehst und spürst du den wachsenden Bauch und das kleine Leben darin nicht direkt. Das ist total eigenartig. Aber keine Sorge: Das wird sich bald ändern. In der Zwischenzeit könnt ihr euch am gemeinsamen Geheimnis erfreuen, denn das schweißt zusammen und verbindet. Natürlich kommt schnell die Frage auf: „Wem erzähle ich die großartige Neuigkeit?“ Lässt du es gleich die ganze Welt mit einem Instagram- oder Facebook-Posting wissen? Oder erzählst du es doch lieber nur deinem besten Freund? Möglicherweise steht ihr euren Familien oder einzelnen Verwandten besonders nahe und ihr wollt diesen die tolle Nachricht überbringen. Vielleicht entscheidet ihr euch aber auch dazu, dass es vorläufig euer kleines großes Geheimnis bleibt, das ihr niemandem verraten möchtet. Das kann Vorteile haben, denn in den ersten zwölf Wochen kann es eher zu Komplikationen kommen und das neue Leben doch noch ungewollt verloren werden. Habt ihr dann schon der ganzen Welt von eurer kommenden Elternschaft erzählt, seht ihr euch eventuell mit unsensiblen Kommentaren und Bemerkungen konfrontiert. Auch wollt ihr möglicherweise nicht immer wieder und wieder erklären, warum es dann doch nicht funktioniert hat, wenn ihr es vielleicht selbst gar nicht wissen könnt, weil es keine Antwort darauf gibt.

Ihr entscheidet gemeinsam, wann ihr wem davon erzählt. Lasst es aber jene Menschen, von denen ihr euch positive Reaktionen, Unterstützung und Zuspruch erwartet, als Erstes wissen. Denn von einer Schwangerschaft zu erfahren ist ein Privileg, kein Recht. Und alle anderen werden es schon früh genug erfahren. Negative Vibes könnt ihr jetzt wirklich nicht gebrauchen.

Deine Partnerin und du, ihr seid ein Team, und in den nächsten Monaten könnt ihr Verstärkung vom Gynäkologen oder einer

Hebamme oder beiden bekommen. Damit ist im Übrigen schon die nächste Frage beantwortet, denn ja, eine Hebamme könnt ihr schon lange vor der Geburt mit euren Fragen löchern. Wen ihr konsultiert, liegt in eurer Hand. Informiert euch bei eurer Auswahl aber über das angebotene Leistungsspektrum. Schon beim ersten Treffen werdet ihr merken, ob die Chemie passt. So oder so, unsere Erfahrung war mit beiden Professionen vorwiegend gut, aufgefallen ist mir aber, dass beim Frauenarzt der Fokus gerne auf potenziellen Problemen, Krankheiten und ähnlichem liegt. Mit der Hebamme hatten wir weniger das Gefühl, Probleme zu suchen, sondern als werdende Familie begleitet und angenommen zu werden. Wenngleich ich nicht verleugnen darf, dass ich auch überaus dogmatische Hebammen kennengelernt habe. Speziell bei den Themen Anästhesie/schmerzfreie Geburt und Stillen scheint es in der Hebammenzunft manchmal sehr strenge Überzeugungen zu geben. Seriös waren in jedem Fall beide Professionen, und bei Unzufriedenheit ist es ja auch möglich, einen Wechsel vorzunehmen. Es gibt übrigens auch Paare, die – tendenziell bei der zweiten oder dritten Schwangerschaft – abgesehen von den notwendigen Untersuchungen auf die professionelle Begleitung verzichten, da sie sich schon sicher fühlen und gut auskennen. Auch dies ist natürlich vollkommen in Ordnung. Nicht zuletzt hat man als Eltern in den folgenden Schwangerschaften oft weniger Zeit, um diese intensiv zu erleben, da man ja auch schon ein oder mehrere Kinder zu versorgen hat.

Abgesehen von Professionisten gibt es vielleicht Freunde, möglicherweise Verwandte, die ihr unbedingt gerne einweihen möchtet. Anna und ich haben uns damals dazu entschieden, dass in den ersten drei Monaten jeder jeweils einer Person seiner Wahl die freudige Nachricht erzählen darf. Das waren auch die zwei Leute, die später Paten für unser Kind wurden.

Für dich und deine Partnerin ist es eine große Sache, dass ihr Eltern werdet. Aber nicht immer reagieren alle Leute so, wie wir es uns erwarten würden. Es soll ja Menschen geben, die eher nach dem Motto „Nicht geschimpft ist genug gelobt" leben. Lasst euch davon nicht die Freude verderben! Es geht hier um euch und nicht um missmutige oder gehemmte Verwandte oder Bekannte und auch nicht um Freunde, die jetzt möglicherweise beleidigt sind, wenn ihr nicht mehr bei jeder Party dabei sein könnt. Damit müssen die jetzt einmal klarkommen.

- Wusstest du, dass es in Österreich ein Hebammenverzeichnis gibt? Wenn du noch nie Kontakt mit einer Hebamme hattest, findest du alle Infos zur Thematik sowie die in deiner Region tätigen Hebammen unter hebammen.at (Siehe auch Anhang)

- Schon einmal von der Wehenbegleitung gehört? Viele Hebammen bieten ein solches Service an. Dazu gehört eine intensivere Begleitung als üblich, und das schon vor der Geburt und ganz zu Beginn der Geburt bei euch zu Hause. So könnt ihr während der ersten Phase der Geburt unter professioneller Begleitung in eurer gewohnten Umgebung bleiben oder die Hebamme telefonisch rund um die Uhr erreichen. Die Hebamme kontrolliert die Herztöne und die Lage des Kindes, die Weite des Muttermundes, den Gesundheitszustand und den Geburtsfortschritt. Sie begleitet und unterstützt euch und ihr entscheidet gemeinsam, wann es Zeit ist, in euer Wunschkrankenhaus zu fahren. Natürlich ist das alles nicht gratis. Je nach Versicherungsträger könnt ihr einen Teil der Kosten zurückerstattet bekommen, in den meisten Fällen müsst ihr die Kosten aber selbst tragen. Je nach Angebot und Region seid ihr ab 400 Euro aufwärts mit dabei. Während der Geburt im Krankenhaus werdet ihr dann von der dort diensthabenden Hebamme weiter betreut.

Was dich und deine Partnerin besonders nerven wird

In einem Schwangerschaftsbuch für Männer konnte ich lesen: „Auch dich hat der ‚Nestbaubetrieb' erfasst. Anders als deine Partnerin räumst du aber nicht zum hundertsten Mal das Kinderzimmer um, sondern tust eher Dinge wie eine Alarmanlage einbauen oder dein Auto einem Sicherheitscheck unterziehen". Ja, klar.

Mobilität & Wohnsituation

Solche Geschlechterklischees stammen aus der Steinzeit und haben mit den Lebensrealitäten vieler Männer, Frauen und Paare heute wenig bis gar nichts mehr gemein. Angefangen beim Auto: Viele Leute entscheiden sich bewusst dagegen, ein Führerschein ist kein Muss mehr. Also versteh mich nicht falsch, ich habe den Motorrad- und Autoführerschein. Anna und ich düsen gerne auf zwei Rädern durch die Gegend, aber speziell in Städten ist das motorisierte Vorankommen heute oft vor allem eine teure, langsame und zeitaufwändige Art der Mobilität, die noch dazu massiv der Umwelt schadet. Öffentliche Verkehrsnetze werden hingegen in den meisten zukunftsorientierten Orten ausgebaut und bieten so eine Alternative. Auf dem Land ist das aber meistens wesentlich schwieriger. Die nächste Bus- oder Zug-Station ist oft weit entfernt, und anders als in Wien, wo die U-Bahn im Vier-Minuten-Takt fährt, muss man am Land oft schon froh sein, wenn einmal in der Stunde ein öffentliches Verkehrsmittel in der Nähe hält. Insofern ist Mobilität spätestens nach der Geburt ein wichtiges Thema für euch. Wie will man sonst mit Baby und Zubehör von A nach B kommen?

Realität ist für viele junge Eltern auch eine angespannte Wohnsituation. Es ist für die meisten gar nicht möglich, so viel zu arbeiten, um mit den Preissteigerungen am Wohnungsmarkt mithalten zu können. Dies bringt mit sich, dass, anders als noch bei unseren Eltern, viele junge Paare keine Wohnung oder gar ein Haus für sich allein haben. Nicht alle Babys haben von Geburt an ein eigenes Zimmer, manche werden so etwas nie haben und manche wachsen auch in Wohngemeinschaften auf. Diesen Lebensrealitäten möchte ich Rechnung tragen, denn es ist nicht die finanzielle Potenz, die darüber entscheidet, ob ihr gute Eltern seid. Fest steht: Euer Baby braucht Zuneigung und Nähe, das Gefühl einen Platz zu haben und willkommen zu sein. Über das Glück und die Entwicklung eures Kindes entscheidet nicht die Größe des Hauses oder der Wohnung, auch wenn es natürlich toll ist, wenn man genug Platz für die Rasselbande hat. Das Vorhandensein eines Autos oder dessen Größe sagt nichts darüber aus, ob ihr gute Eltern seid. Liebe und Fürsorge kann man so nicht bewerten.

Klassische Rollenbilder

Ein weiterer Punkt, der mich immer besonders genervt hat und der euch möglicherweise auch begegnen wird, war der Umstand, als Mann mit Fragen und Anliegen während der Schwangerschaft nicht immer ernst genommen zu werden. Gerade Angehörige älteren Semesters sehen die Rolle des „guten Mannes“ darauf beschränkt, einen 40-Stunden-Job zu haben und möglichst viel Geld nach Hause zu bringen, während sich die Frau um „den Rest“ zu kümmern hat. Dass Männer sich einbringen wollen, mitfühlen, sich freuen und Sorgen haben, wird allzu gerne ignoriert. Wer dann noch überlegt, einen Papamonat oder Karenzzeit beim Neugeborenen zu verbringen, gilt nicht nur unter Männern, sondern auch bei manchen Frauen immer noch als Waschlappen. Spätestens am Spielplatz, wenn du möglicherweise der einzige Mann vor Ort bist und dafür komische Blicke von manchen Müttern erntest, wird das spürbar. Da versuche ich immer etwas drüber zu stehen, denn alleine durch das das aktive Papasein trägt jeder Mann dazu bei, eine neue Normalität, in der Männer ganz selbstverständlich in der Baby- und Kinderbetreuung tätig sind, zu schaffen. So können auch Männer den Entwicklungsprozess des Kindes oder der Kinder miterleben und daran teilhaben. Auch wir Männer haben Liebe zu geben, wollen uns einbringen und mitorganisieren. Verantwortung ist kein Fremdwort für uns! Das ist es, worum es geht – alles andere sollte uns erst mal egal sein. Und überhaupt: Was geht es die Arbeitskollegen an, dass du dich für einen Papamonat und/oder Karenzzeit entscheidest? Deine Familie, dein Kind ist, was zählt.

Und wer hat heute schon ein Problem damit, dass die Partnerin arbeiten geht und zusätzlich Geld nach Hause bringt? Dies ist für die meisten Paare eine ökonomische Realität und darüber hinaus eine Notwendigkeit, um über die Runden zu kommen oder sich manchmal „etwas leisten zu können". Anders als von manchen konservativen Politikern dargestellt können es sich viele nicht einfach aussuchen, ob nur ein Elternteil oder beide einer Lohnarbeit nachgehen.

Die wahren Klischees

Im vorangegangenen Kapitel habe ich über die nun wachsenden Portionen beim Essen gesprochen. Hier gibt es ein nerviges Klischee, das ich leider nicht entkräften kann. Wenn deine Partnerin über längere Zeit quasi für zwei Leute essen muss und es ihr einfach gut schmeckt, dann isst man da mit. Zumindest war es bei mir so. Hättest du vor einem Jahr die dritte Portion Spaghetti Bolognese geholt, hätte sie unter Umständen gesagt, dass es jetzt genug ist. Nun lässt man gemeinsam alle Hemmungen fallen, haut ordentlich rein und ist glücklich damit. Anna und mir ist es zumindest so gegangen, und bisher habe ich keinen Mann getroffen, der mir erzählt hat, dass er während einer Schwangerschaft abgenommen oder das Gewicht gehalten hätte. Das muss die Natur wohl so eingerichtet haben.

Mit Schwangerschaft, Geburt und Erziehung verhält es sich ähnlich wie mit Fußball. Jeder meint, es am besten zu wissen und alle anderen machen es falsch. Das kann so weit gehen, dass an solchen Meinungsverschiedenheiten Freundschaften zerbrechen. Dies ist einer der Punkte, der mich wohl am meisten genervt hat und es nach wie vor tut. Die Gefahr ist groß, dass eine Flut an mehr oder weniger gut gemeinten Ratschlägen über dich und deine Partnerin hereinbricht. Jeder will dir sagen, wie man es am besten macht. Für mich hat sich das manchmal angefühlt wie in den schlimmsten Schulzeiten. Aber es wird, mit etwas Engagement, Geduld und Liebe, alles gut gehen. Muss es ja, sonst wären wir Menschen schon längst ausgestorben. Und viele der maulenden Ratschlaggeber haben in Wirklichkeit mehr Ego als Ahnung. Natürlich, gute Tipps nimmt jeder gerne an, und gerade was Schwangerschaft und Babys betrifft, ist jeder über Unterstützung froh, aber der Grat zwischen Hilfe und Bevormundung ist oftmals ein schmaler. Egal, ob die Tipps von Freunden, Familienangehörigen oder Wildfremden (ja, auch das wird dir passieren) kommen. Auch das Internet ersetzt keine fachkundige Beratung. Deshalb haben Anna und ich uns bei Unsicherheiten und Fragen immer an den Frauenarzt oder eine Hebamme als kritische Instanz gewendet.

Der Mutter-Kind-Pass

Dieser „Pass“ wird dir in der nächsten Zeit öfter unterkommen, weshalb ich ihn hier auf keinen Fall unerwähnt lassen möchte. Das kleine gelbe Heftchen hängt mit den medizinischen Vorsorgeuntersuchungen der Mutter und des Babys bis zu seinem fünften Lebensjahr zusammen. Den Pass gibt es in Österreich seit 1974 und er stellt eine große soziale Errungenschaft dar. Ziel bei der Einführung war es, die Säuglings- und Müttersterblichkeit zu senken, was auch gelungen ist. Heute stehen die Früherkennung von Gesundheitsrisiken und Entwicklungsstörungen im Vordergrund.

Die vorgeschriebenen Untersuchungen

Die zeitgerechte Absolvierung der Untersuchungen ist die Voraussetzung für den vollen Bezug des Kinderbetreuungsgeldes. Die Untersuchungen sind bei Vertragsärzten der Krankenversicherungsträger kostenlos, sofern die werdende Mutter versichert ist. Dies gilt allerdings nicht für alle Untersuchungen der Pränataldiagnostik, auf die ich später noch eingehen werde.

Den Pass bekommt ihr direkt beim Gynäkologen ausgehändigt, sobald eine Schwangerschaft festgestellt wird. Während der Schwangerschaft sind im Mutter-Kind-Pass insgesamt fünf Untersuchungen vorgesehen. Bei der ersten wird der Mutter Blut abgenommen und ein großes Blutbild erstellt. Außerdem gibt sie eine Urinprobe ab. Am Ende steht der allgemeine Gesundheitszustand der Mutter fest. Natürlich geht es auch um das Baby (oder möglicherweise die Babys)? Hat dieses, was es benötigt? Schlägt das Herz? Entspricht es ungefähr dem durchschnittlichen Entwicklungsstand, der zu dieser Zeit erwartet wird? Und ihr seht zum ersten Mal euren Nachwuchs am Ultraschallbildschirm!

Mutter-Kind-Pass-Untersuchungen während der Schwangerschaft

Untersuchung

	Termin	Umfang
1.	Bis zum Ende der 16. Schwangerschaftswoche	• Blutuntersuchungen: • Test auf Vorliegen einer Luesinfektion • Bestimmung der Blutgruppe und des Rhesusfaktors, ausgenommen bei Vorliegen eines Originalbefundes • Bestimmung des Hämoglobinwertes und des Hämatokrits (oder der Erythrozytenzahl) • Toxoplasmosetest mit Wiederholungsuntersuchungen bei negativem bzw. abklärungsbedürftigem Titer, ausgenommen bei Vorliegen eines Originalbefundes über einen eindeutig positiven Titer • Bestimmung des Rötelnantikörpertiters • HIV-Test • Ausführliche Anamneseerhebung • Gynäkologische Untersuchung • Erhebung von mütterlichen und kindlichen Risikofaktoren • Beurteilung der Notwendigkeit weiterer Untersuchungen
2.	17. bis 20. Schwangerschaftswoche	• Interne Untersuchung • Ausführliche Anamneseerhebung • Gynäkologische Untersuchung • Erhebung von mütterlichen und kindlichen Risikofaktoren • Beurteilung der Notwendigkeit weiterer Untersuchungen

Untersuchung **3.**	25. bis 28. Schwangerschaftswoche	• Bestimmung des Hämatokrits und des Hämoglobinwerts • Hepatitis-B-Untersuchung (HBS-Antigen-Bestimmung) • Oraler Glukosetoleranztest • Ausführliche Anamneseerhebung • Gynäkologische Untersuchung • Erhebung von mütterlichen und kindlichen Risikofaktoren • Beurteilung der Notwendigkeit weiterer Untersuchungen
4.	30. bis 34. Schwangerschaftswoche	• Ausführliche Anamneseerhebung • Gynäkologische Untersuchung • Erhebung von mütterlichen und kindlichen Risikofaktoren • Beurteilung der Notwendigkeit weiterer Untersuchungen
5.	35. bis 38. Schwangerschaftswoche	• Ausführliche Anamneseerhebung • Gynäkologische Untersuchung • Erhebung von mütterlichen und kindlichen Risikofaktoren • Beurteilung der Notwendigkeit weiterer Untersuchungen

Quelle: www.help.gv.at/Portal.Node/hlpd/public/content/8/Seite.082201.html

Die in der Tabelle beschriebenen Untersuchungen beinhalten natürlich die Ultraschalluntersuchung in der 8. bis 12., in der 18. bis 22. und in der 30. bis 34. Schwangerschaftswoche. Das sind jene Untersuchungen, bei denen ihr ein Bild vom Baby im Bauch mit nach Hause nehmen könnt. Das Ganze ist eine große und spannende Sache, denn es ist das erste Mal, dass ihr ein Bild von eurem gemeinsamen Kind in den Händen haltet. Und für dich als Vater endlich einmal die Möglichkeit, auch etwas zu sehen. Manche Gynäkologen bieten sogar 3D-Bilder und Videos an. Bei der zweiten Ultraschalluntersuchung wird es übrigens möglich, festzustellen, ob euer Nachwuchs ein Mädchen oder ein Junge wird. Wenn ihr das nicht wissen wollt, sagt es bei den Untersuchungen rechtzeitig, damit ihr es nicht unbeabsichtigt erfahrt.

Junge oder Mädchen – wollt ihr es wissen?

Zwar wird das spätere Geschlecht bereits bei der Zeugung genetisch bestimmt, allerdings beginnt erst ab der achten Schwangerschaftswoche langsam die Ausbildung der primären Geschlechtsorgane. Anna und ich haben uns ganz bewusst dazu entschieden, dem Geschlecht keine so große Rolle beizumessen und uns bei der Geburt überraschen zu lassen. Einer Sache könnt ihr euch aber sicher sein: Die Frage „Wisst ihr schon, was es wird?“ wird jene sein, die ihr in nächster Zeit am häufigsten hören werdet. Als unser Baby das Licht der Welt erblickte, wurde es gleich auf den Bauch der Mutter gelegt und es dauerte gefühlt keine zehn Sekunden, bis wir gefragt wurden, ob wir einen Namen haben. Wir wussten aber noch nicht einmal, welches Geschlecht unser Nachwuchs hatte. Als wir das im Kreißsaal erklärten, trat eine kurze Stille ein, die dann durch ein aufgeregtes Durcheinander durchbrochen wurde. Unser Baby wurde noch einmal hochgehoben und siehe da: ein Junge. Eltern, die das Geschlecht nicht im Vorhinein wissen wollen, scheinen heute die Ausnahme zu sein.

- Bei circa einem von tausend Neugeborenen ist das biologische Geschlecht nicht eindeutig feststellbar. Während es in solchen Fällen in Deutschland in der Zwischenzeit möglich ist, eine dritte Option zu wählen, ist diese Möglichkeit in Österreich trotz gegenteiligem Verfassungsgerichtsspruch vom Innenministerium 2018 vereitelt worden. Spätestens ab der Pubertät kann für Menschen, die in eine Geschlechterrolle gezwungen wurden (möglicherweise mit unfreiwilligen Operationen), der sie sich aber nicht zugehörig fühlen, die Hölle losbrechen. In Österreich setzt sich deshalb der Verein Vimoe für Menschen, die solcher Gewalt ausgeliefert wurden, ein (siehe Anhang).

Für euch ist aber wichtig: Lasst euch von eurer Umgebung keinen Druck machen! Und es ist natürlich O. K., wenn du möglicherweise auf ein bestimmtes Geschlecht hoffst, die Hoffnung haben viele. Es ist aber eure Entscheidung, ob ihr das Geschlecht wirklich wissen wollt. Sprecht am besten miteinander darüber. Spätestens nach der Geburt wird das Geschlecht für euch nicht mehr so wichtig sein, denn ihr werdet froh sein, ein gesundes Kind zu haben.

Weitere Tests

Zwischen der 18. und 22. Schwangerschaftswoche könnt ihr eine einstündige Hebammenberatung kostenlos in Anspruch nehmen. Ich finde, das ist ein großartiges Angebot! Solltet ihr dies nicht nutzen wollen, dann hat dies keine negativen Auswirkungen. Darüber hinaus können Frauen nach der Geburt, ab dem Tag nach der Entlassung aus dem Krankenhaus, bis zum fünften Tag einen Hausbesuch einer Hebamme als Kassenleistung beanspruchen. Nutzt dieses Angebot!

Seit einigen Jahren ist auch ein Test auf Schwangerschaftsdiabetes (Gestationsdiabetes) Teil der Mutter-Kind-Pass-Untersuchung in Österreich, da diese Erkrankung immer öfter auftritt. Dafür wird zwischen der 24. und 28. Schwangerschaftswoche ein sogenannter Zuckerbelastungstest (oraler Glukosetoleranztest) durchgeführt.

- Wusstest du, dass Untersuchungen im Ausland in Österreich anerkannt werden können? Dadurch bleibt auch der Anspruch auf Kinderbetreuungsgeld aufrecht, wenn die Art und der Zeitpunkt der Untersuchung den Vorgaben des österreichischen Mutter-Kind-Passes entsprechen. Das kann bei Reisen in der Schwangerschaft oder nach der Geburt wichtig werden, informiert euch am besten rechtzeitig dazu.

- Wusstest du, dass männliche Hebammen (Fachbegriff Entbindungshelfer/Entbindungspfleger) in Österreich erst seit 1995 gesetzlich zugelassen sind? Es sollte aber noch weitere 23 Jahre dauern, bis ein Mann die Ausbildung auch tatsächlich abschloss. Seit 2018 ist der Wiener Markus Leich die erste männliche Hebamme Österreichs. Die dreijährige Ausbildung kann man z. B. an der FH Campus Wien absolvieren.

Die Sache mit eurer Katze – Toxoplasmose

Gleich vorweg: Nein, ihr müsst euren Stubentiger weder einschläfern, noch im nächsten Tierheim abgeben. Mit einigen Vorkehrungen seid ihr auf der sicheren Seite. Aber der Reihe nach.

Toxoplasmose ist eine Infektion mit Parasiten, die bei gesunden Menschen meistens ohne grobe Beschwerden verläuft. Der Erreger befindet sich vor allem in rohem Fleisch, auf ungewaschenem Gemüse und Obst und auch in drei Tage altem oder älterem Katzenkot. Dementsprechend können Gartenerde und Gras, in dem sich oft Katzen aufhalten, mit den Erregern infiziert sein. Also bei der Gartenarbeit unbedingt Handschuhe verwenden! Die Erreger gelangen ausschließlich durch den Mund oder eine offene Wunde in den Körper. Wenn man nicht gerade schwanger ist, dann macht man sich soweit gar keine Gedanken über diese Erreger. War man einmal infiziert, ist man fortan immun gegen Toxoplasmose. Dies trifft auf circa 70 Prozent der europäischen Bevölkerung zu.

Mehr Vorsicht ist geboten, wenn die Schwangere noch nicht immun gegen den Erreger ist. In der Schwangerschaft können die Erreger zu Fehlgeburten und Missbildungen des Ungeborenen führen. Um festzustellen, ob man nun Toxoplasmose negativ oder positiv ist, gibt es in Österreich seit 1975 ein Toxoplasmose-Screening, das bei allen schwangeren Frauen im Rahmen der ersten Mutter-Kind-Pass-Untersuchung durchgeführt wird.

Wenn du also schon lange mit deiner Katze zusammenwohnst, ist die Gefahr tendenziell gering. Vor allem, wenn deine Samtpfote eine Hauskatze ist und ab und an beim Tierarzt untersucht, gepflegt, entwurmt und geimpft wird. Für jene, die „Freigänger“ unter den Vierbeinern zu Hause haben, gilt im Grunde dasselbe. Ihr könnt eure Sicherheit noch steigern, indem ihr besonders auf Hygiene achtet. Das gilt dabei nicht nur für Katzen, sondern für alle (Haus-)Tiere. Wenn das Katzenklo schon von deiner Partnerin gereinigt wird, dann unbedingt mit Handschuhen und am besten täglich, denn wie erwähnt wird die Toxoplasmose erst nach ca. drei Tagen infektiös. Händewaschen nach intensiven Streicheleinheiten der Haustiere gehört auch dazu, und lass dich besser mal nicht von den Vierbeinern im Gesicht ablecken. Sofern ihr nicht von denselben Tellern wie eure Haustiere esst, kann euch mit diesen Tipps eigentlich nichts passieren.

Mein Kater Muzifer hat sich besonders gerne auf den dicken Bauch von Anna gelegt. Das war für ihn wesentlich angenehmer als für Anna. Für mich führte das zu besonders interessanten Situationen, wenn ich im linken Arm im Bett liegend meine Freundin gehalten und gestreichelt habe, die müde von der Schwangerschaft tief und fest schlief und im rechten Arm meinen Kater, der müde vom Katerleben ebenfalls dicht an mich gedrängt schlief. Beide schnurrten vor sich hin und hatten es fein. Für mich, in der Mitte eingequetscht, war das ein erster kleiner Vorgeschmack auf die kommenden Monate und vermutlich Jahre.

- Wusstest du, dass durch den veränderten Hormonhaushalt deiner Partnerin sich auch das Verhalten eurer Haustiere ändern kann? Du riechst den veränderten Hormonstand nicht, Katzen zum Beispiel aber schon. Die Reaktion auf diese Geruchsänderung kann ganz unterschiedlich ausfallen. Manche Katzen bemuttern die Schwangere richtig, folgen ihr auf Schritt und Tritt und sind schmusiger als sonst. Andere wiederum werden scheu oder aggressiv. So oder so, reagiere nicht böse oder beleidigt darauf. Nach einiger Zeit hat sich auch der Pfotentrupp umgewöhnt und wird wieder zutraulicher.

Eure Ernährung während der Schwangerschaft

Die richtige Ernährung: Ein komplexes, umfangreiches Thema, das ich nur teilweise anschneiden werde, damit wir uns darin nicht verlieren. Es ist aber sinnvoll, darüber zu sprechen, da die Ernährung auch einen Einfluss auf die Entwicklung und das Gedeihen des Fötus hat.

Bewusst ernähren, aber auch genießen!

Ernährungsgewohnheiten und die Einstellungen zur Nahrung sind heute so stark individualisiert wie wohl nie zuvor. Natürlich ist (gesunde) Ernährung auch eine Geldfrage und nicht zuletzt leiden heute viele unter Lebensmittelintoleranzen, was eine ausgewogene Ernährung noch komplizierter macht. Manche mögen es mit (viel) Fleisch, andere lieber vegetarisch, vegan, fruktosefrei, laktosefrei, glutenfrei, mit oder ohne Fisch, nichts, was einen Schatten wirft und so weiter. Und wenn du und deine Freundin vegan leben, dann brauchst du ohnehin keine Tipps von mir, da ich davon ausgehe, dass ihr euch besonders gut mit dem, was ihr an Nährstoffen braucht, auskennt. Du als Mann kannst zumindest erstmal essen, was du willst, wenn du willst.

Das gilt leider nicht für deine Partnerin. Es gibt einige Sachen, die gerade für eine Schwangere sehr gut sind und andere, auf die sie eher verzichten sollte.[5] Ich habe bereits erwähnt, dass Omega-3-Fettsäuren und Folsäure die gute Entwicklung des Embryos und das Wohlbefinden der werdenden Mutter sehr unterstützen. Diese Nährstoffe findest du vermehrt in Walnüssen, Mandeln und Erdnüssen, aber auch in Leinsamen und Vollkornprodukten. Nüsse sind in der Schwangerschaft überhaupt super. Immer eine kleine Schüssel mit Nüssen neben Couch oder Bett vorbereitet zu haben, kann sich lohnen.

Auch in kaltgepressten Ölen wie in Hanf-, Lein-, Walnuss- und Rapsöl finden sich viele der erwähnten Nährstoffe. Einfach einen Teelöffel täglich pur konsumieren oder mit gut gewaschenem Spinat, Wirsing oder Grünkohl kombinieren.

---

5 In diesem Kapitel beziehe ich mich immer wieder auf das Buch „Babybauchzeit" von Nora Imlau und Sabine Pfützner. Dieses richtet sich an Frauen und werdende Mütter und beinhaltet speziell auf dem Gebiet der Ernährung einige interessante Informationen. Darüber hinaus bietet das Sozialministerium sehr viele Tipps und Empfehlungen für Schwangere („Ernährungspyramide für Schwangere und Stillende") und natürlich Hebammen und Gynäkologen. Dies sind auch hier meine Hauptquellen.

Eine absolut gesunde Angelegenheit für Babybauch und Mama (und ihre Verdauung).

Dass auch du möglicherweise das eine oder andere Kilo zunehmen wirst, habe ich schon erwähnt. Dennoch ist in vielen Schwangerschaftsbüchern zu lesen, dass ihr zwar schwanger seid, dies aber keine Ausrede ist, doppelt so viel zu essen und den ganzen Tag auf der Couch zu liegen. Du wirst merken: Genau das nicht zu tun ist oft gar nicht leicht. Noch schwieriger ist es, dieses Thema als Mann anzusprechen, weil: kein Uterus, keine Meinung. Anna hatte über lange Zeit während der Schwangerschaft, wie sie selbst sagte, „überhaupt kein Sättigungsgefühl" mehr. Wie ein andauernder Munchie, der nicht aufhört, bis einem schlecht wird. Und vielleicht nicht einmal dann. Da kommt es dann doch auch darauf an, wovon man zu viel isst. Der Cheeseburger oder die Tafel Schokolade werden in der Schwangerschaft nicht gesünder, aber deshalb die ganze Zeit ein schlechtes Gewissen haben, weil es einem gerade schmeckt, kann's ja auch nicht sein. Ich habe meine Rolle so verstanden, ein wenig auf den Ausgleich zu achten. So wie der beste Kumpel, der einen vor einem Fehler wie dem einen Schnaps zu viel bewahrt und diesen im letzten Moment gegen ein Bier tauscht. In eurem Fall ist es wohl eher der dritte Burger, der gegen einen Salat getauscht wird oder gegen einen (verdünnten) Fruchtsaft, Tee oder ein (Mineral-) Wasser, denn viel trinken ist auf jeden Fall eine gute Idee. Es gibt übrigens spezielle Teemischungen für Schwangere, einfach mal durchprobieren oder als kleine Aufmerksamkeit mitbringen. Normalerweise wird es deine Partnerin aber ohnehin nach dem gelüsten, was ihr Körper gerade braucht.

Dos & Donts

Ich würde nun nicht so weit gehen, zu sagen, dass es für deine schwangere Partnerin so etwas wie verbotenes Essen gibt, aber die offizielle Empfehlung lautet, möglichst kein rohes Fleisch (z. B. Steak medium/rare, Rohwurst, Sushi oder Räucherfisch) oder Rohmilchprodukte und rohe Eier (Nachspeisen und Beilagen checken) zu sich zu nehmen. Obst und Gemüse vor dem Verzehr gut waschen, damit Listeriose oder Toxoplasmose keine Chance haben. Beides ist für Kinder und gesunde Erwachsene unbedenklich, für Ungeborene aber sehr gefährlich. Die Keime werden durch Hitze abgetötet, weshalb ihr euch keine Sorgen bei gegartem oder gekochtem Essen machen müsst. Etwas Vorsicht ist beim Zuckerkonsum geboten: Oft verspürt man in der Schwangerschaft Lust auf enorme Mengen an Obst wie Erdbeeren, Orangen, Äpfel, Bananen, Kirschen etc. Dazu kommt möglicherweise noch eine süße Nachspeise. Es ist wichtig, den Konsum etwas im Überblick zu behalten. Obst ist gut, aber nicht in rauen Mengen, denn Schwangerschaftsdiabetes kann wie erwähnt ein Thema sein.

Am Ende ist es eure Entscheidung, welches Risiko ihr eingehen möchtet und womit ihr euch sicher fühlt. Auf meine Frage an unseren Frauenarzt, ob Feta unbedenklich sei, meinte dieser lapidar: „Wenn Feta gefährlich für das Baby wäre, wäre der Mensch bereits ausgestorben.“ Es ist auch nicht unwahrscheinlich, dass man vom Frauenarzt individuelle Ernährungstipps erhält. So oder so, gemeinsam auf momentan ungesunde Ernährung verzichten macht es leichter, denn geteiltes Leid ist halbes Leid. Deine Partnerin fühlt sich nicht allein gelassen, und wenn du dadurch in den Augen deiner Freundin schon nicht zum edlen Ritter wirst, werden deine Bemühungen zumindest keine Nachteile für dich bringen. Bei allen Überlegungen zur Ernährung gilt eines ganz besonders: Auf Diäten dürft ihr in der Schwangerschaft gerne verzichten.

Wenn deine Partnerin Vegetarierin ist oder vegan lebt, du aber nicht, dann tut sich noch eine weitere Möglichkeit für dich auf, um sie zu unterstützen. Möglicherweise steigt die Lust auf gewisse Tierprodukte während der Schwangerschaft, was echt hart für eine Schwangere sein kann, die sonst keine Probleme damit hatte, z. B. auf Fleisch zu verzichten. Tauscht einfach die Rollen und das Gleichgewicht im Universum ist beibehalten. Phoebe und Joey aus der US-Serie *Friends* haben es vorgemacht. Ab jetzt isst du kein Fleisch mehr, deine Partnerin bekommt dafür deine Rationen.

- Die Gewichtszunahme ist bei deiner Partnerin übrigens nicht nur auf den wachsenden und sich entwickelnden Fötus zurückzuführen. Da müssen wir fair bleiben! Eine stark erhöhte Blutmenge, Wassereinlagerungen sowie wachsende Gebärmutter und Plazenta tragen dazu bei, dass sich deine Partnerin manchmal wie ein Walross fühlen wird und schmerzende Beine und Füße bis hin zu Krampfadern bekommt. Massagen können lindernd wirken.

Wieder alles anders: Ernährung & das Neugeborene

Noch etwas: Deine Partnerin weiß es möglicherweise noch gar nicht, ich verrate es dir jetzt schon mal. Während der Stillzeit, kurz nach der Geburt, werden ihre Brüste sehr wahrscheinlich noch einmal wachsen. Die Größe der Brüste sagt aber nichts über die tatsächlich vorhandene Milchmenge aus. In der Stillzeit müsst ihr dann etwas darauf achten, welche Nahrungsmittel ihr zu euch nehmt, da euer Baby nicht alle gut vertragen wird. Es nimmt die Nährstoffe über die Muttermilch auf. Auf deren Inhaltsstoffe können Babys ganz individuell unterschiedlich reagieren. Es kann sein, dass ihr dann mit eurer Nahrung etwas experimentieren müsst. Wir haben die Erfahrung gemacht, dass Zitrusfrüchte, auch in Form von Orangensaft, mit Vorsicht zu genießen sind. Uns schmeckte es zwar, aber unser Sohn hatte nach dem Stillen Bauchschmerzen und starke Blähungen. Es gibt aber noch viele weitere Nährstoffe, die mit der Muttermilch aufgenommen werden können und die dem Baby schwer im Magen liegen können. Aber immer nur Erdäpfel und Karotten zu essen ist für die Mutter auch fad. Also langsam herantasten und stark gewürzte, scharfe, salzige Lebensmittel stark reduzieren oder weglassen. Dazu zählt übrigens auch Knoblauch.

Deshalb mein Tipp: Geht in der Schwangerschaft ab und an ordentlich essen. Vielleicht auch mal was Ausgefallenes oder Verrücktes. Oder kocht gemeinsam. Für Anna und mich war dies ein besonders wichtiges Ritual, am Abend gemeinsam in der Küche zu werken, manchmal auch Leute einzuladen und diese zu bekochen. Dabei über den Tag zu sprechen und alles, was uns im Kopf so vorgeht, war großartig, es war eine Möglichkeit, um runterzukommen. Quality Time, denn es gibt wenig Besseres, als ein gutes Essen gemeinsam zu genießen. Möglicherweise ist deine Freundin in der Arbeit, wenn sie sich nicht im vorzeitigen Mutterschutz befindet – wenn du Zeit hast, dann nutze diese doch, um für sie etwas zu kochen. Ist manchmal auch leichter, als wenn man sich zu zweit in der Küche im Weg steht, und sie wird sich darüber freuen. Du kannst eigentlich nur gewinnen.

Wo soll die Geburt stattfinden?

Noch habt ihr Zeit. Dennoch ist es sinnvoll, sich früh zu überlegen, wo die Geburt stattfinden soll. Damit meine ich nicht nur die Stadt bzw. den Ort, sondern auch die Einrichtung. Soll es eine Klinik sein und falls ja, welche? Oder doch lieber eine

Hausgeburt? Manche würden eventuell ein Geburtshaus vorziehen. Der Reihe nach.

Für Anna und mich war sehr lange nicht einmal klar, in welchem Bundesland die Geburt stattfinden soll, da wir von Wien nach Kärnten siedeln wollten und der Umbau in Kärnten mit dem Geburtstermin nicht abgeschlossen werden konnte. So stand immer die Frage im Raum, ob wir für die Geburt nicht doch noch in Wien bleiben sollten. Aber wie tun mit der Arbeit? Am Ende hat das Ganze so ausgesehen, dass ich am 1. April mit einem Teil meiner Sachen nach Kärnten gesiedelt bin, wo meine neue Arbeitsstelle angetreten habe. Am 4. Mai ist Anna nachgekommen und wir haben noch mehr als einen Monat mit meiner Mutter in derselben Wohnung gelebt. Nach der Geburt war das durchaus hilfreich. Am 3. Juni wurde dann unser Sohn geboren. Die ganze Prozedur war rückblickend weniger belastend oder stressig, als man annehmen würde. Unsere Generation ist mit der Anforderung maximaler Flexibilität aufgewachsen. Dennoch kann Unklarheit in dieser Sache für manche enormen Stress bedeuten.

Die Qual der Wahl: Welche Klinik soll es sein?

Wo auch immer ihr euer Kind auf die Welt bringen möchtet, es gibt einige Dinge zu beachten.

Vor allem in den größeren Städten, allen voran Wien, ist es wichtig, sich rechtzeitig für einen Geburtstermin in einem Krankenhaus eurer Wahl anzumelden. Rechtzeitig bedeutet in Wien: am besten schon, sobald ihr wisst, dass ihr ein Baby erwartet. Man muss sich unter geburtsinfo.wien oder telefonisch unter 01 90801 registrieren und bis zu drei Wunschkliniken angeben, ab der 22. Schwangerschaftswoche (SSW) erhält man Post mit der Info, welche Klinik für einen reserviert ist. Dort muss man sich einen Termin ausmachen und sich persönlich zur Geburt anmelden. Manche denken sich nun zu Recht: Woher sollen wir wissen, wo wir in sieben oder acht Monaten sind? Wie gesagt, das hat auch auf uns zugetroffen. Ich kann dich aber beruhigen, wenn ihr dann nicht im vereinbarten Krankenhaus auftaucht, passiert euch gar nichts. Und im Notfall wird auch niemand weggeschickt werden, wenn ein Baby im Anflug ist und ihr nicht angemeldet seid. Dennoch habe ich es während meiner Arbeit als Sozialarbeiter immer wieder erlebt, dass Klientinnen, die sich erst nach Monaten um einen Platz in einer Klinik bemüht haben, lange keinen gefunden haben. Es geht also darum, euch anzukündigen. Ob ihr die gewählte Klinik dann aufsucht oder nicht, weil ihr z. B. umgezogen seid und eine andere Klinik näher liegt, ist erst mal nicht so wichtig. Vielleicht meldet ihr euch auch in zwei Kliniken an. Für die Krankenhäuser geht es bei dieser Sache natürlich um eine gewisse Planbarkeit der Ressourcen, sprich Geld und Personal. Also einfach mitspielen und absagen, wenn es doch nichts wird.

Als wir uns im ersten Trimester in Wien in der Semmelweisklinik zur Geburt angemeldet hatten und dann Dasselbe in Kärnten machen wollten, wurden wir im zweiteren Fall gefragt, warum wir das sechs Monate vor dem Geburtstermin tun. Darum merke: Zwei Monate vor der Geburt anmelden reicht in eigentlich allen Kliniken, sofern ihr nicht in einer Großstadt lebt.

Klinik ist nicht gleich Klinik. Geburtenstationen haben unterschiedliche Schwerpunktsetzungen, unterschiedliche Größen und Ressourcen. Manche sind auf Frühchen spezialisiert (mit Neonatologie), andere ausschließlich auf „reife“ Babys (ab der 37. Woche). Manche bieten Geburtswannen an oder auch Familienzimmer, also ein Zimmer, das nur für dich und deine Partnerin zur Verfügung steht und in dem du auch schlafen kannst, damit du nicht immer zwischen eurem Zuhause und der Klinik hin- und herfahren musst. Von diesem Angebot habe ich gerne Gebrauch gemacht, denn die Klinik lag eine Stunde mit dem Auto von unserem Zuhause entfernt. So konnte ich gleich drei Tage im selben Zimmer mit meiner Partnerin und unserem Neugeborenen direkt im Krankenhaus schlafen. Es kommt darauf an, was ihr braucht und was in eurer Nähe angeboten wird. Alle Einrichtungen bieten die Möglichkeit, sich im Vorhinein die jeweilige Station anzusehen, oftmals gibt es darüber hinaus auch Weiterbildungsangebote für werdende Eltern. Nehmt solche Angebote wahr und meldet euch dafür an, macht euch mit dem Kreißsaal, der Geburtenstation und dem Areal vertraut, wenn ihr die Zeit dafür habt. Bei der Entscheidung hilft oft der erste Eindruck, das erste Gefühl.

Zur Geburt deines Kindes stehen dir laut den allermeisten Kollektivverträgen ein oder mehrere zusätzliche Urlaubstage zu. Informiere dich rechtzeitig, damit du diese dann mit deiner neuen kleinen Familie verbringen kannst. Die Arbeiterkammer kann hier weiterhelfen.

Rund um die Klinik: baby- und stillfreundlich?

Hast du schon einmal von babyfreundlichen und stillfreundlichen Kliniken gehört? Ich auch nicht, bis ich zufällig gesehen habe, dass die von uns ausgewählte Klinik stillfreundlich ist. Aber was bedeutet das? 1991 gründeten die WHO und Unicef die Baby-friendly Hospital Initiative – Babyfreundliches Krankenhaus (BFHI). Das ist eine tolle Sache, denn so sollen alle aktuellen Erkenntnisse im Umgang mit Mutter und Neugeborenem für möglichst viele umgesetzt werden. Gesundheitsversorgung auf allerhöchstem Niveau. Damit sich eine Klinik „Babyfreundliches Krankenhaus“ nennen darf, muss unter anderem die Mütterfreundlichkeit mit der optimalen Betreuung rund um die Geburt gegeben sein, es müssen die zehn

Schritte zum erfolgreichen Stillen angenommen werden und die Umsetzung des internationalen Kodex zur Vermarktung von Muttermilchersatzprodukten gegeben sein. In Österreich erfüllen momentan 12 Kliniken diese Vorgaben:

- St. Josef Krankenhaus Wien
- Landesklinikum Hollabrunn
- Landesklinikum Amstetten
- Krankenhaus der Barmherzigen Brüder Linz
- Klinikum Steyr
- Salzkammergut-Klinikum Bad Ischl
- Tauernkliniken GmbH, A.ö. Tauernklinikum - Standort Zell am See
- Landeskrankenhaus Hall
- Landeskrankenhaus Bregenz
- Landeskrankenhaus Wolfsberg
- A.ö. Krankenhaus Spittal/Drau GmbH
- Bezirkskrankenhaus Lienz (Stand Februar 2020)

Im Folgenden kannst du die Definition von *babyfreundlich* nachlesen. Dies erscheint mir deshalb so wichtig, damit du eine Ahnung bekommst, worauf auch du als Mann rund um die Geburt achten kannst, was möglich und erlaubt ist und was medizinisch der aktuelle Stand ist. Das gibt Sicherheit, auch im Umgang mit dem Klinik-Personal.

Babyfreundlich bedeutet unter anderem:

- Das Baby darf den Zeitpunkt seiner Geburt selbst bestimmen, außer wichtige medizinische Gründe sprechen dagegen (kein unnötiger Kaiserschnitt oder keine unnötige Geburtseinleitung).
- Keine Trennung von Mutter und Kind, außer es ist aus medizinischen Gründen absolut notwendig.
- Die Achtung und Wahrung des Geburtsmoments und des ersten Blick- und Hautkontakts: Dieser Moment gehört der Mutter!

- Das Baby kann sich am (nackten) Körper der Mutter nach der Geburt beruhigen.
- Die ersten Stunden verlaufen ohne Störung durch medizinische Routinemaßnahmen und ungestört im Kreis der kleinen neuen Familie (Mutter, Vater, Baby, Geschwister), eventuell einer einfühlsamen Hebamme.
- Der behutsame und respektvolle Umgang mit dem Baby durch das medizinische Personal.
- Keine hektische Atmosphäre, sondern Ruhe und Gelassenheit, leises, langsames Sprechen im Geburtszimmer.
- Auf Signale und Rufe des Babys wird unmittelbar und feinfühlig reagiert. Babys sind auf ihre Art voll kommunikationsfähig!
- Kein Klaps auf den Popo und kein Verkehrtherum-Aufheben an den Füßen.
- Kein Fiebermessen im Popo und kein unnötiges Absaugen von Mund, Nase und Rachen.
- Kein Zufüttern durch Ersatznahrung, kein Wegtragen, keine Verabreichung von Medikamenten ohne Zustimmung der Mutter, Vater oder Bezugsperson.
- Restriktiver Umgang mit Medikamentenverabreichung (z. B. Antibiotika).
- Keine Genitalverstümmelung an Mädchen oder Buben.
- Volle Aufklärung, Information und unabhängige Beratung über die Vor- und Nachteile des Impfens wird angeboten.
- Weiterführende Beratungsstellen, Ansprechpersonen und Fachliteratur rund um Umgang mit Neugeborenen, Stillen, Bindung und Kindererziehung werden angeboten.
- Praktische Umsetzung des stillfreundlichen Konzepts der WHO/UNICEF.

Das *stillfreundliche Konzept* der WHO zur Förderung der besten Form der Ernährung des Neugeborenen beinhaltet wiederum zehn Schritte:

- Schritt 1: Es gibt schriftliche Stillrichtlinien, die mit allen Mitarbeitern regelmäßig besprochen werden.
- Schritt 2: Alle Mitarbeiter sind so geschult, dass sie über die notwendigen Kenntnisse und Fähigkeiten für die Umsetzung der Stillrichtlinien verfügen.
- Schritt 3: Alle schwangeren Frauen werden über die Bedeutung und die Praxis des Stillens informiert.
- Schritt 4: Den Müttern wird ermöglicht, unmittelbar ab Geburt ununterbrochenen Hautkontakt mit ihrem Baby zu haben, mindestens aber eine Stunde lang oder bis das Baby das erste Mal gestillt wird.
- Schritt 5: Den Müttern wird korrektes Anlegen gezeigt und ihnen erklärt, wie sie ihre Milchproduktion aufrechterhalten können, auch im Falle einer Trennung von ihrem Kind.
- Schritt 6: Neugeborenen werden weder Flüssigkeiten noch sonstige Nahrung zusätzlich zur Muttermilch gegeben, außer dies ist unbedingt notwendig und medizinisch begründet.
- Schritt 7: 24-Stunden-Rooming-in wird praktiziert – Mutter und Kind bleiben Tag und Nacht zusammen.
- Schritt 8: Zum Stillen wird nach Bedarf angeregt und ermuntert.
- Schritt 9: Gestillten Kindern wird kein künstlicher Sauger gegeben.
- Schritt 10: Die Mütter werden auf Stillgruppen hingewiesen und die Entstehung von Stillgruppen wird gefördert.

- Weiterführende Informationen findest du auf: geburtsallianz.at und auf ongkg.at.

Die Alternativen: Hausgeburten & Geburtshäuser

Auch wenn die Geburt in der Klinik die statistisch üblichste und beliebteste Variante ist, gibt es dennoch auch andere Orte dafür. Da wäre an erster Stelle die Hausgeburt zu nennen. Für diese spricht, dass sie sehr individuell gestaltet werden kann und deine Partnerin ein höheres Maß an Selbstbestimmung im Geburtsprozess behält, während dieser Ablauf in vielen Kliniken oft auf zeitliche Effizienz getrimmt ist. Die meisten Menschen fühlen sich Zuhause wohler als in einer Klinik. Solltet ihr eine Hebamme haben, die ihr gut kennt, zu der ein starkes Vertrauensverhältnis besteht und die die Begleitung von Hausgeburten anbietet, wären dies weitere Argumente, in den eigenen vier Wänden zu gebären. Allerdings sollte trotz allem bedacht werden, dass der Weg ins nächste Krankenhaus nicht zu lange sein sollte, wenn wider Erwarten doch etwas anders als geplant verläuft und eine Überstellung notwendig werden sollte. Als Voraussetzung für eine Hausgeburt gelten gesundheitlich bedenkenlose Mutter-Kind-Pass-Untersuchungsergebnisse. Bei Mehrlingsgeburten oder Risikoschwangerschaften wird von Hausgeburten abgeraten. Dies besprecht ihr am besten im Vorhinein mit eurer Hebamme. Grundsätzlich ist eine Hausgeburt nach entsprechender Vorbereitung genauso sicher wie eine in der Klinik.

- Wie bei Ärzten könnt ihr bei Hebammen nach Vertragshebammen und Wahlhebammen unterscheiden. Vertragshebammen werden direkt von der Vertragskrankenkasse bezahlt. Wahlhebammen müssen erst aus eigener Tasche bezahlt werden. Bis zu 80 % des Kassentarifes können dann aber refundiert werden.

- Auf der Seite hebammen.at findest du einen detaillierten Überblick über Kosten und Kostenrückerstattung in Österreich.

- Ihr habt Freunde oder Bekannte, die sich für eine Hausgeburt entschieden haben? Sprecht doch mal mit ihnen über ihre Erfahrungen. Ein Austausch und Abwägen des Für und Wider kann bei der Entscheidungsfindung helfen.

- Detailwissen zur Thematik findest du auch auf der Homepage und in den Broschüren des deutschen Vereins Quag – Gesellschaft für Qualität in der außerklinischen Geburtshilfe sowie beim österreichischen Verein Geburtsallianz Österreich. Laut der Vereinshomepage bringen in Österreich circa 2% aller Frauen ihr Kind zu Hause auf die Welt. Zum Vergleich, in den Niederlanden sind es circa 30%.

In Deutschland, Österreich und der Schweiz gibt es aber auch sogenannte Geburtshäuser. Diese sind meistens außerklinisch angesiedelt und werden von Hebammen betrieben. Ziel eines Geburtshauses ist es, Schwangere und Paare während der Schwangerschaft, der Geburt und der ersten Zeit mit dem Säugling umfassend und persönlich zu begleiten. Es grenzt sich damit bewusst von Kliniken ab und will Frauen dabei unterstützen, selbstbestimmt mit ihrer Schwangerschaft, der Geburt und ihrem Neugeborenen umzugehen. Anders als in der Klinik müsst ihr hier die Rechnung zumeist selbst bezahlen. Außerdem sind Geburtshäuser, zumindest in Österreich, wesentlich spärlicher gestreut als Kliniken.

Für uns war trotz aller Argumente für eine Hausgeburt relativ schnell klar, dass wir in eine Klinik fahren möchten. Einerseits weil der Umbau zu Hause nicht fertig war und wir so einige Tage gewinnen konnten. Andererseits weil wir uns beide mit dem Gedanken viel wohler fühlten, für die Geburt woanders hin zu fahren, die Schmerzen und das Drumherum dort zu lassen und dann mit dem Baby nach Hause zu kommen.

Die beste Betreuungsart für alle wäre übrigens die sogenannte „Beleghebamme“. Diese begleitet die Schwangerschaft vom ersten Trimester bis nach der Geburt. Es gibt keinen ungewollten Hebammenwechsel, nicht vor der Geburt und auch nicht während dieser (Schichtwechsel), dadurch entsteht ein gewachsenes Vertrauen zwischen werdenden Eltern und der Hebamme. Einen solchen Standard umzusetzen ist eine Empfehlung der WHO und natürlich auch eine politische Entscheidung, die bisher aber nicht die nötige politische und gesellschaftliche Zustimmung erfährt.

Pränataldiagnostik

Während der Schwangerschaft passiert eine Menge; vieles ist neu oder ändert sich gerade. Da bleibt oft wenig Zeit dafür, sich mit allen relevanten Themen rund ums Eltern werden auseinanderzusetzen.

Auch bei den Mutter-Kind-Pass-Untersuchungen beim Frauenarzt ist nicht immer genug Zeit, um alle Fragen zu jedem Thema ausführlich zu besprechen. Manchmal weiß man ja nicht einmal, welche Fragen man überhaupt stellen soll oder kann. Wenn dann gewisse Themen auch noch gesellschaftlich stigmatisiert sind, wird es besonders schwierig. Eines dieser Themen ist die sogenannte Pränataldiagnostik.

Ich habe mich während der Schwangerschaft immer sehr nach einer unaufgeregten und übersichtlichen Einführung in die Thematik gesehnt. Deshalb gibt es genau das jetzt hier für dich.

Wie bei allen Themen gilt: Nur wer sich auskennt, kann informierte Entscheidungen treffen.[6]

Pränataldiagnostik bezeichnet Untersuchungen bei Föten und schwangeren Frauen, um potenzielle Krankheiten, Missbildungen oder Fehlentwicklungen sowie eventuell daraus resultierende Gefahren für das Leben des Babys und der Mutter schon vor der Geburt feststellen zu können. Pränatal bedeutet wortwörtlich: vorgeburtlich. Erst einmal nichts Besonderes. Diese speziellen Untersuchungen werden in Österreich aber nur dann von der Krankenkasse übernommen, wenn eine Risikoschwangerschaft vorliegt, zum Beispiel, wenn die Mutter über 35 Jahre alt ist oder Diabetes hat. Auch eine Mehrlingsschwangerschaft wird als Risikoschwangerschaft eingestuft. Ansonsten müssen die Untersuchungen privat bezahlt werden und das kann sehr schnell richtig teuer werden. Oder anders gesagt: Pränataldiagnostik ist auch ein gutes Geschäft.

Das Dilemma: Wieviel wollen wir wissen?

Aber ganz abgesehen von den Kosten geht es bei der Pränataldiagnostik eigentlich um ganz andere Fragen. Für die Generation unserer Großeltern war der Bauch und vor allem das Heranwachsende darin eine komplett unbekannte Welt. Wird es gesund? Welches Geschlecht es haben wird und vieles mehr war lediglich zu erraten. Heute hat sich eine große Vielfalt pränataldiagnostischer Möglichkeiten und Instrumente etabliert, und es werden laufend mehr. Leider sprechen wir in unserer Gesellschaft aber kaum ehrlich über diese Fülle, Möglichkei-

---

6 Inhaltlich orientiere ich mich hier an den Ratgebern des Büro für Frauengesundheit und Gesundheitsziele der MA24 in Wien sowie des Hebammenzentrums in Wien. Beide bieten sehr verständliche und übersichtliche Informationen an. Darüber hinaus gibt es auf www.gesundheit.gv.at Infos zur Thematik und auf www.pränatal-info.at findest du einen ausführlichen Reader.

ten und Grenzen der Diagnostikinstrumente, weshalb viel Halbwissen zu diesem Themenkomplex vorhanden ist.

Die Pränataldiagnostik unterliegt einem gewissen Dilemma. Denn die Diagnosen werden immer genauer, je weiter sich das Baby entwickelt. Das sogenannte Ersttrimesterscreening im ersten Drittel der Schwangerschaft bringt zwar schon viele Ergebnisse, aber trotzdem stellen sich überraschend viele Verdachtsfälle auf eine Fehlbildung im Laufe der weiteren Schwangerschaft als falsch heraus. Die in Österreich geltende Fristenlösung ermöglicht es hier glücklicherweise, auf den Faktor Zeit zu spielen. Ihr könnt zum Beispiel sagen: „Wir wollen abwarten und weitere Untersuchungen machen." In einem großen Teil der Fälle kann eine Fehlentwicklung dann ausgeschlossen werden. Aber bei einem kleinen Teil, bei dem sich der Verdacht erhärtet hat, sind dann schon viele Wochen vergangen, bevor man sich wirklich gegen oder für eine Abtreibung entscheidet. Würde es nicht mehr möglich sein, auch zu einem späteren Zeitpunkt einen Schwangerschaftsabbruch vorzunehmen, würden sich wohl viel mehr Frauen und Paare dazu entscheiden, „kein Risiko" einzugehen und besser früher abzutreiben, weil es da noch legal ist. Die Rate der Schwangerschaftsabbrüche würde steigen. Im nächsten Kapitel komme ich darauf noch einmal zu sprechen.

Es gibt einige grundsätzliche Fragen, die sich werdende Eltern zum Thema Pränataldiagnostik stellen können. Die erste in der Liste ist meiner Meinung nach die wichtigste:

- Warum wollen wir Pränataldiagnostik in Anspruch nehmen? Welche Gründe sprechen für diese oder jene Untersuchung, welche dagegen?
- Wie umgehen mit einem Befund, der besagt, dass euer Kind zu einem gewissen Prozentsatz diese oder jene Krankheit oder Fehlentwicklung haben soll?

- Welche Vorstellungen von „Behinderung" und „Krankheit" haben wir? Was ist für uns „normal" und „gesund"?
- Kennen wir Menschen mit Behinderung oder andere Eltern mit einem behinderten Kind? Kann man über ihre Erfahrungen sprechen? Sind unsere Erwartungen realistisch?

Statistisch betrachtet kommen 97 Prozent der Babys völlig gesund zur Welt[7]. Das ist ein wirklich guter Schnitt! Darüber hinaus versucht bereits die Natur selbst Erkrankungen in den ersten drei bis vier Schwangerschaftswochen durch eine natürliche „Fehlgeburt" zu verhindern. Die Hebamme wird dir außerdem erklären, dass der Großteil der Risiken beim Routine-Ultraschall, also der Schwangerschaftsvorsorge im Rahmen des Mutter-Kind-Passes, abgeklärt werden können. Wenn mit dem Ultraschall nichts gefunden wird, ist das eine sehr gute und beruhigende Ausgangslage.

Deine Partnerin und du habt natürlich das Recht zu erfahren, wenn etwas mit eurem Baby nicht in Ordnung sein sollte. Dafür habt ihr die Möglichkeit, Methoden der Pränataldiagnostik in Anspruch zu nehmen. Aber: Ihr müsst dies nicht. Ihr habt auch ein Recht auf Nicht-Wissen und könnt Untersuchungen ablehnen, wenn ihr diese nicht wollt. Dies wirkt sich nicht (!) auf den Bezug des Kinderbetreuungsgeldes aus.

Früher war es „Schicksal", ob ein Baby gesund zur Welt kommt oder nicht. Heute haben Eltern gewisse Möglichkeit, dies selbst zu entscheiden, kommen damit aber auch in eine Rolle, in der wohl niemand sein will. Staat und Politik schieben Verantwortung auf die Mutter respektive die Eltern ab. Es gibt keinen allgemeingültigen gesellschaftlichen Konsens darüber, dass natürlich auch Menschen mit Behinderung Menschen sind, die ein Recht auf Leben, Unterstützung und Inklusion haben,

7 www.newmom.at/schwangerschaft/praenataldiagnostik-ist-das-baby-gesund.html

die Teil der Gesellschaft sind. Den Rahmen für den Umgang mit und die Unterstützung von Eltern gibt natürlich die Politik vor, und dieser ist in Österreich, Deutschland und der Schweiz ähnlich. Babys mit Behinderungen welcher Art auch immer werden hauptsächlich als Last und Kostenfaktor angesehen.

Es ist ein Armutszeugnis, dass gerade in wohlhabenden Ländern auf Babys mit (potenziellen) Gendefekten oder Chromosomenstörungen nur durch die Mangelbrille gesehen wird. Dies ist aber nicht die Schuld der Eltern, die sich für ihr Kind entscheiden, es ist ein gesamtgesellschaftliches Problem. Ein Problem von Gesellschaften, die vermeintlich effizient geworden sind, vielleicht aber auch kalt. Kinder mit Behinderungen und deren Eltern müsste man bemitleiden, so der weit verbreitete Tenor. Ihre Kinder sollten besser nie auf die Welt kommen. Und tatsächlich gibt es in europäischen Ländern immer weniger Menschen mit Chromosomenstörungen wie Trisomie 21. Gerade in als besonders fortschrittlich geltenden Staaten wie zum Beispiel Island gibt es eigentlich so gut wie gar keine Menschen mit Trisomie 21 mehr. Diese haben das Licht der Welt nämlich nie erblickt. In Österreich, Deutschland und der Schweiz geht es gerade in dieselbe Richtung. Aber (und das ist das große ABER): Ein Kind mit einem Gendefekt oder einer Chromosomenstörung mag anders sein als der Großteil der anderen Kinder. Dieses Kind macht das Leben für die Eltern aber nicht unbedingt schwer. Es ist unsere Gesellschaft, welche den Eltern das Leben zur Hölle machen kann. Deshalb sollte auch das Kind nicht „wegmüssen". Die Gesellschaft muss sich ändern.

Mit Diagnosen umgehen

Solltest du als Vater bzw. ihr als Eltern erfahren, dass unter Umständen mit dem Baby im Bauch etwas nicht stimmt, verlasst euch bei der Entscheidung nicht allein auf medizinische

Argumente und Wahrscheinlichkeitsrechnungen. Abgesehen davon, dass ein nicht unerheblicher Teil dieser Diagnosen falsch liegen kann, sieht unser Medizinsystem auch keine Erklärung der positiven Seiten des Lebens mit einem solchen Kind vor und ist somit stark einseitig. Der medizinische Ablauf sieht kein Gespräch oder keinen Erfahrungsaustausch zwischen Eltern mit einem Kind mit Beeinträchtigung und gerade schwangeren Paaren vor.

Es gibt kaum jemanden, der mit euch über eure Möglichkeiten, Potenziale und Perspektiven spricht. Aber wenn es eine solche Diagnose geben sollte, dann könnt ihr euch sicher sein, dass ihr nicht die ersten seid, die diese erhalten haben – und es gibt viele Eltern, die ihr Leben mit ihrem Kind in vollen Zügen genießen. Einer davon ist Fabian Sixtus Körner. Fabian ist Vater einer Tochter mit Trisomie 21, ihr Name ist Yanti, sie ist heute knapp vier Jahre alt und er unterhält sich mit ihr auf Englisch und in Gebärdensprache. Fabian Sixtus Körner ist ein Vorbild. Für Eltern und gerade für Männer. Der junge Vater spricht sich dafür aus, in die Beratungsgespräche Menschen mit Trisomie 21 und deren Angehörige einzubinden, nicht nur Ärzte, denn Erfahrung mit diesen besonderen Lebensumständen haben diese Eltern, nicht die Mediziner. Auch er war nach der Geburt von seiner Tochter vor allem mit Mitleid, Bedauern und dröhnendem Schweigen in seiner Umgebung konfrontiert. Er sagt aber: „Ich brauche euer Mitleid nicht." Er hat ein großartiges Buch über seine Erfahrungen geschrieben, das ich dir nur ans Herz legen kann, bevor du oder ihr als werdende Eltern verzagt.[8]

Fabian ist nur ein Beispiel, das ich hier nenne. Wenn du dich etwas genauer mit der Thematik beschäftigst, wirst du

8 In der Tageszeitung *Die Presse* findet sich ein tolles und ermutigendes Interview mit Fabian. Du kannst es unter diesem Link nachlesen: www.diepresse.com/home/schaufenster/leben/5641596/Ich-brauche-euer-Mitleid-nicht

schnell merken, dass eine solche Diagnose nicht das Ende der Welt ist. Verliere nicht den Mut und du wirst merken, welche tollen Seiten das Leben für dich und deine Familie bereithält.

Die Möglichkeiten der Pränataldiagnostik

Viele werdende Eltern sind bezüglich der Gesundheit ihres Babys sehr in Sorge, und möchten alle medizinischen Möglichkeiten ausschöpfen, um so sicher wie möglich zu sein, dass mit dem kleinen Leben alles in Ordnung ist. Dabei wird oft vergessen, dass viele Antworten im Feld der Pränataldiagnostik wieder neue Fragen aufwerfen. Gewisse Ungereimtheiten können mit bestimmten pränataldiagnostischen Tests entdeckt werden – viele dieser Tests haben aber, vor allem in den frühen Monaten, auch eine hohe Fehlerquote. Man muss also immer abwägen, was einem nun wirklich wichtig ist. Es ist nämlich auch möglich, einige Erkrankungen durch vorgeburtliche Therapien (Fetalmedizin) zu behandeln und positiv zu beeinflussen. Für einen wesentlichen Teil an Fehlbildungen, Behinderungen und Erkrankungen gibt es aber keine Therapiemöglichkeiten. Die Frage nach einem Schwangerschaftsabbruch kann für viele Eltern sehr belastend sein und unter Umständen auch die Beziehung auf eine harte Probe stellen.

Jedes Hebammenzentrum und ähnliche Einrichtungen in ganz Österreich bieten zur Pränataldiagnostik Beratung, Information und Unterstützung an. Überhaupt ist eure Hebamme auch für diese Thematik eine sehr gute Ansprechperson. Für mich wirkte die Beratung durch die Hebamme zumeist annehmend, einfühlsam, aufbauend und Perspektiven-schaffend, und genau darum geht es jetzt.

Im Folgenden habe ich dir nun eine Liste mit den gängigsten pränatalen Untersuchungen, welche größtenteils nicht von der Krankenkasse übernommen werden, und ihre Funktionen aufgelistet. Dabei musst du aber beachten, dass bei der

Kostenübernahme der meisten Untersuchungen in Österreich von Bundesland zu Bundesland unterschiedliche Regelungen gelten. Um auf Nummer sicher zu gehen, fragst du am besten bei deiner bzw. eurer Versicherung nach.

Euer Frauenarzt wird tendenziell auf die Nackenfaltenmessung und das Organscreening bestehen. Solltet ihr diese oder weitere pränataldiagnostische Untersuchungen nicht durchführen wollen, sagt dies eurem Gynäkologen rechtzeitig. Manchmal ist es notwendig, dies mit Nachdruck zu tun. Lasst euch nicht von der ärztlichen Routine abschrecken und konsultiert im Zweifelsfall weitere Meinungen. Egal, wie ihr euch entscheidet, es ist ok! Ihr seid auch euren Verwandten, Freunden und Bekannten keine Rechenschaft schuldig.

Messung der Nackenfaltentransparenz – Nackenfaltenmessung

Zwischen der 11. und 14. Schwangerschaftswoche besteht die Möglichkeit, eine Nackenfaltenmessung beim Fötus durchzuführen. Es handelt sich hierbei um eine Ultraschalluntersuchung. Der Arzt überprüft, wie viel Flüssigkeit sich unter der Nackenfalte des Babys gesammelt hat. Eine hohe Flüssigkeitsmenge kann ein Hinweis auf eine chromosomale Fehlbildung sein (Down-Syndrom). Gleichzeitig wird meistens auch die sogenannte Nasenbeinmessung vorgenommen. Auch so kann man chromosomalen Fehlentwicklungen auf die Spur kommen. Bei diesen Untersuchungen kann die Fehlerrate aber hoch sein.

Gibt es gewisse Indikatoren, die darauf hinweisen, dass eine Chromosomabweichung vorliegen könnte, kann die Nackenfaltenmessung mit einem Bluttest kombiniert werden, um die Vorhersagbarkeit zu präzisieren. Diese Untersuchung wird nicht von allen Gynäkologen angeboten.

Down-Syndrom-Test aus mütterlichem Blut

Sollte nur erfolgen, wenn es medizinische Indikatoren gibt. Dieser Test ist ungefährlich für das Ungeborene und kann bei unauffälligen Ergebnissen das Down-Syndrom mit relativ hoher Wahrscheinlichkeit ausschließen. In 5 Prozent der Fälle kann das Ergebnis unklar sein. Es sind bereits falsche positive und falsche negative Befunde vorgekommen. Es ist auch fraglich, was man als Eltern mit einer Diagnose macht, die besagt, dass das Kind mit 95-prozentiger Wahrscheinlichkeit mit einem Chromosomenfehler geboren wird. Für dich und deine Partnerin ist es wichtig zu wissen, dass es für Chromosomabweichungen keine Therapiemöglichkeit gibt.

Die Kosten für diesen Test betragen in Österreich ab 1200 Euro aufwärts und müssen privat getragen werden, sofern keine Risikoschwangerschaft vorliegt.

Chorizottenbiopsie (CVS) – Mutterkuchenpunktion

Stellt ebenso wie der zuvor beschriebene Test eine Folgeuntersuchung dar. Kann aber auch angewandt werden, wenn es schwere vererbbare Erkrankungen in der Familie geben sollte und man herausfinden möchte, ob das Ungeborene davon betroffen ist. Wie die zuvor beschriebenen Untersuchungen wird sie zwischen der 11. und 14. Schwangerschaftswoche durchgeführt. Dazu wird mit einer dünnen Nadel und meistens durch örtliche Betäubung eine Gewebeprobe aus dem Mutterkuchen durch die Bauchdecke entnommen. Die Zellen werden im Labor untersucht und nach circa drei Tagen gibt es Ergebnisse. In einem Prozent der Fälle kann es durch diesen Eingriff zu einer Fehlgeburt kommen. Die Chance, dass auch dieser Test keine endgültige Klarheit bringt, liegt ebenfalls bei einem Prozent. Zu diesem Test muss ergänzt werden, dass er sowohl für die Mutter als auch das Ungeborene als sehr belastend und stressend empfunden werden kann. Kosten erfährt man auf Anfrage bei den Anbietern.

Amniozentese – Fruchtwasserpunktion

Es gilt das Gleiche wie bei der Mutterkuchenpunktion, allerdings wird die Fruchtwasserpunktion erst ab der 16. Schwangerschaftswoche durchgeführt. Sollten Vortests auffällig gewesen sein oder schwere vererbbare Gendefekte in der Familie vorhanden sein, kann der Test etwas darüber aussagen, ob diese beim Ungeborenen vorhanden sein können. Auch hier wird durch die Bauchdecke eingegriffen und mit einer Nadel eine kleine Menge Fruchtwasser entnommen. Dadurch kann im Labor bestimmt werden, ob es eine genetische Abweichung beim Kind gibt. Dieses Endergebnis liegt nach circa zwölf Tagen vor. Diese Zeit kann für werdende Eltern sehr belastend sein, und der Eingriff selbst kann für die Mutter als sehr schmerzhaft, ja sogar bedrohlich empfunden werden. Auch hier liegt ein einprozentiges Risiko auf Fehlgeburt und eine ebenso hohe Chance auf weitere Unklarheit trotz Test vor. Wenn das Ergebnis vorliegt, befindet ihr euch circa in der Halbzeit der Schwangerschaft. Kosten erfahrt ihr auf Anfrage bei den Anbietern.

Organscreening – Organultraschall

Ist eine Ultraschalluntersuchung, die aber nicht von der Krankenkasse bezahlt wird. Hierbei werden ab der 20. Schwangerschaftswoche alle Organe und der Körperbau des Fötus genau unter die Lupe genommen. Ich habe bei der Untersuchung das erste Mal einen Oberschenkelknochen gesehen, das Herz und etliche andere unvorstellbar kleine, aber schon funktionierende Organe. Genau das ist der Sinn des Testes, der auch das Hirn, Wirbelsäule sowie Gliedmaßen und deren Entwicklung in die Untersuchung einschließt. Wenn alles in Ordnung ist, fühlt man sich total super. Wenn dem nicht so ist, kann sich die Frage nach einem doch schon sehr späten Schwangerschaftsabbruch stellen.

Die Kosten belaufen sich in Österreich auf 100 Euro aufwärts. Manche Krankenhäuser haben Kontingentplätze, die eine kostenlose Untersuchung ermöglichen. Einfach nachfragen.

Nabelschnurpunktion (Chordozentese)

Werden beim Ultraschall Hinweise auf mögliche Erkrankungen des Fötus entdeckt, können mit einer Nabelschnurpunktion gewisse Defekte ausgeschlossen oder bestätigt werden. Über diesen Weg können auch Medikamente verabreicht und so die Entwicklungs- und Lebenschancen des Neugeborenen verbessert werden. Ähnlich wie bei der Mutterkuchenpunktion wird mit einer Nadel über den Bauch Blut aus der Nabelschnur entnommen. Auch hier entsteht ein circa einprozentiges Risiko auf eine Fehlgeburt.

- Lasst euch nicht vom Label „Risikoschwangerschaft" aus der Ruhe bringen. Mit dieser Bezeichnung wird relativ freigiebig umgegangen. Wenn deine Partnerin unter 18 oder über 35 Jahre alt ist, gilt die Schwangerschaft automatisch als eine Risikoschwangerschaft. Andere Gründe können auch Diabetes, Über- oder Untergewicht, Bluthochdruck, Mehrlingsschwangerschaften, Organerkrankungen oder Organschäden oder auch Epilepsie bei der Mutter sein. Eure Vorteile dabei: Die Krankenkasse zahlt mehr Untersuchungen, was euch Geld sparen hilft und Hebamme und Ärzte werden sich besonders gut um euch kümmern.

- Da ein Kind mit einer Behinderung in manchen Bereichen einen erweiterten Unterstützungsbedarf haben kann, wird dafür die erhöhte Familienbeihilfe ausbezahlt. Darüber hinaus gibt es etliche weitere Unterstützungen, die euch als Eltern helfen werden. Am besten informiert ihr euch über die Leistungen bei den Experten der Arbeiterkammer.

- Wusstest du, dass man bei einer Geburt nach der 37. Woche von einem *reifen Baby* spricht? Davor handelt es sich um ein *Frühchen*.

Schwangerschaftsabbruch

Der Uterus. Seit jeher eine politische Spielwiese für mächtige Männer. Dementsprechend (ideologisch) umkämpft und unterschiedlich geregelt sind Abtreibungen rund um die Welt und in Europa. Ich möchte dieses Thema aber auf keinen Fall auslassen, da es immer Gründe geben kann, warum sich eine Frau oder ein Paar für eine Abtreibung entscheidet.[9]

Genauso lange wie die ideologisch aufgeladenen Debatten über das Pro und Kontra von Abtreibungen existieren, genauso lange ist diese Debatte insgesamt eine Scheindebatte. Denn würde sich unsere Gesellschaft selbstverständlich dazu entschließen, dass auch Menschen mit Behinderung ein selbstverständlicher Teil der Gesellschaft sind und die Angehörigen, allen voran die Mütter, entsprechend finanziell und mit Fördereinrichtungen und Betreuungsplätzen staatlich unterstützen, dann würden viele – nicht alle – der vorgenom-

9 Es gibt ein sehr interessantes Interview mit dem Vorstand der Universitätsklinik für Frauenheilkunde der Universität Wien Dr. Peter Husslein zur Thematik des Schwangerschaftsabbruches. Darauf beziehe ich mich in diesem Kapitel immer wieder. Online findest du das Interview unter diesem Link: www.falter.at/archiv/wp/das-ziel-ist-den-legalen-schwangerschaftsabbruch-zu-fall-zu-bringen

menen Schwangerschaftsabbrüche obsolet. Frauen müssten sich nicht mehr vor einer unsicheren und finanziell belasteten Zukunft fürchten. Um das zu erreichen, müssen sich der Staat und die Gesellschaft aber einmal dazu entschließen, Mütter und Eltern mit behinderten Kindern endlich nicht mehr allein zu lassen. Leider hört das Interesse der Abtreibungsgegner am zu schützenden Leben in dem Moment auf, sobald das Baby den Körper der Mutter verlässt und geboren wird. Dann soll die Mutter selbst schauen, wie sie mit dem Kind klarkommt. Und so erleben wir in Österreich leider gerade nicht nur eine Debatte, in der es darum geht, Förderungen für Familien mit behinderten Kindern abzuschaffen und sie in Einbahninstitutionen ruhig zu stellen, sondern auch eine Debatte über die Einschränkung des Rechtes auf Schwangerschaftsabbruch.

In Österreich ist die Abtreibung im § 96 des Strafgesetzbuches geregelt. Es gilt die sogenannte *Fristenlösung*, die definitiv eine sozialpolitische Errungenschaft darstellt. Dies bedeutet, der Abbruch einer Schwangerschaft ist straffrei, wenn er bis zum dritten Schwangerschaftsmonat von einem Arzt nach vorheriger Beratung durchgeführt wird. Im Unterschied zu manch anderen Ländern ist die Beratung in Österreich jedoch im Gesetzestext nicht genau definiert. Sie ist also keine Zwangsmaßnahme im Rahmen des Schwangerschaftsabbruches. Auch gibt es keine anderen Restriktionen, wie z.B. eine vorgeschriebene Wartezeit zwischen der ersten Beratung und dem Abbruch (in Deutschland gelten drei Tage, sieben in Frankreich). Aufgrund dieser durchaus freien Rahmenbedingungen ist es möglich, die Beratung und Begleitung ausschließlich nach den individuellen Bedürfnissen der Schwangeren auszurichten. Es gibt aber auch einige Ausnahmen und Ergänzungen zu diesem Gesetz § 97 StGb. So darf beispielsweise zeitlich unbefristet abgetrieben werden, wenn eine „ernste Gefahr“ für das Leben oder ein schwerer Schaden für die körperliche und seelische

Gesundheit der Frau abgewendet werden kann. Auch Unmündigkeit bei der Zeugung wäre ein solcher Grund. Ebenfalls als straffreier Anlass für eine Abtreibung anerkannt ist eine Behinderung des Kindes, wörtlich wenn „eine ernste Gefahr besteht, dass das Kind geistig oder körperlich schwer geschädigt sein werde“. Wörtlich lesen wir im Gesetzestext weiter, dass ein Abbruch ohne Aufschub durchgeführt werden kann „(...) um die Schwangere aus einer unmittelbar drohenden, nicht anders abwendbaren Lebensgefahr zu retten“.[10]

Gerade in diesem Feld gebart sich die Politik oft aber janusköpfig, denn es fehlen in Österreich Durchführungsbestimmungen für einen Schwangerschaftsabbruch sowie eine Regelung für die Kostenübernahme. Das hat zur Folge, dass es außerhalb von Wien nur wenige Ärzte oder Kliniken gibt, die auch öffentlich die Durchführung von Abbrüchen anbieten. Frauen außerhalb der Großstadt kommen also weniger leicht zu ihrem Recht. Die österreichischen Krankenkassen übernehmen auch keine Kosten, was Verhütung oder Schwangerschaftsabbruch betrifft. Die Kosten für einen Schwangerschaftsabbruch können stark variieren.

- Durch einige Urteile des Obersten Gerichtshofes wurde entschieden, dass ein Arzt haftet, wenn er eine Fehlbildung, die erkennbar gewesen wäre, übersehen oder falsch beraten hat. Das bedeutet, er muss die Erhaltungskosten (ganz oder zu einem Teil) des behinderten Kindes ein Leben lang übernehmen. Das hat dazu geführt, dass sich die Qualität der Ultraschalluntersuchungen und Diagnosen massiv verbesserte.

10 Diese Ausnahmen stehen in der aktuellen politischen Debatte leider wieder zur Disposition.

- 2018 gab es in Österreich laut dem Gynäkologen Dr. Peter Husslein circa 87.600 Lebendgeburten. Lediglich 380 Föten wurden nach der 15. Schwangerschaftswoche medizinisch indiziert abgetrieben. Eine medizinische Indikation liegt nur vor, wenn eine schwere Fehlbildung vorliegt und/oder die Gefahr besteht, dass die Mutter in ernste Lebensgefahr geraten könnte. Solche Schwangerschaftsabbrüche werden nur auf ausdrücklichen Wunsch der Schwangeren durchgeführt.

Sexytime in der Schwangerschaft

Jetzt wird's mal richtig spannend und ich fange gleich mit meinen ersten Gedanken, die ich zum Thema hatte, an. Diese unterscheiden sich wahrscheinlich gar nicht so sehr von deinen. Von nun seid ihr beim Sex ja eigentlich zu dritt. Ein Traum vieler Männer, aber nicht, wenn das eigene Baby dabei ist. Was, wenn ich etwas kaputt mache oder das Ungeborene verletze? Und überhaupt!

Erlaubt ist, was gefällt und guttut

Sexualität kann auch in der Schwangerschaft ein wichtiges Thema sein, und nur weil der Babybauch mal im Weg ist, spricht das noch nicht gegen ein erfülltes Sexleben für euch beide. Die Zeit der Schwangerschaft hilft vielleicht sogar, neue Seiten an der gemeinsamen Sexualität zu entdecken oder viel mehr zu kuscheln und sich nahe zu sein.

Einige positive Entwicklungen, die dir gefallen werden, spreche ich gleich an: Ihr könnt, solltet ihr in einer monogamen Beziehung leben, nun Sex ohne Verhütung genießen. Yay! All die damit verbundenen Sorgen könnt ihr nun einmal getrost hinter euch lassen. Darüber hinaus wird deine Freundin, sofern sie keine ärgeren Beschwerden hat, wohl zumindest zeitweise ziemlich horny sein. Nutzt das aus, denn nach der Geburt und während der Stillzeit ist damit zumeist erst einmal Schluss. Grund für die erhöhte Libido deiner Partnerin ist der sich steigernde Östrogenspiegel und die mit der Schwangerschaft verbundene erhöhte Blutzirkulation in der Beckenregion. Damit einher gehen auch eine bessere Durchblutung der Geschlechtsorgane und deren gesteigerte Sensibilität. Möglicherweise machst du die Erfahrung, dass es jetzt sogar leichter ist, deine Partnerin zum Orgasmus zu bringen. Auch das hat hängt mit der besseren Durchblutung und der erhöhten Sensibilität zusammen.

Im Laufe der Schwangerschaft werden bei den meisten Frauen neben den Brüsten auch die Brustwarzen größer und dunkler. In der Bauchmitte beginnt sich die sogenannte Linea nigra, ein dunkler Streifen, abzuzeichnen. Vielleicht gefällt dir das alles ja, auch wenn es die Natur nicht primär für dich eingerichtet hat.

Du bekommst gar nicht mehr genug von deiner schwangeren Freundin? Das ist völlig normal. Ebenso normal ist es aber, dass sich der Sex für deine Partnerin während der Schwangerschaft anders anfühlt. Nicht jede Frau mag das, was wiederum weniger oder keinen Sex bedeuten kann. Der Körper deiner Partnerin verändert sich gerade erheblich. Versuche dich einmal in ihre Lage zu versetzen. Unter solchen Umständen kann es schon einmal sein, dass man sich manchmal nicht so attraktiv findet, verunsichert ist und keine Lust auf Sex hat. Das kann mal so oder mal so sein.

Alles von mir zum Thema „Sex in der Schwangerschaft" Geschriebene hat keine Gültigkeit, wenn deine Partnerin aufgrund der Schwangerschaft Schmerzen, Übelkeit o. Ä. hat. Dann war's das mal vorläufig mit dem Sex.

So weit, so gut, allerdings ist es für viele Männer trotzdem ein eigenartiger Gedanke und eine seltsame – möglicherweise abturnende Vorstellung – dort einzudringen, wo doch schon „wer drin ist". Das sind nachvollziehbare Gedanken, aber ich kann dich beruhigen. Egal, wie gut bestückt du bist, dein Penis kann das Baby nicht berühren – denn es liegt der Muttermund dazwischen. Und ja, es bekommt die Glückshormone, welche die Mutter beim Orgasmus ausschüttet, mit, aber für das Baby macht es keinen Unterschied, ob die Portion Glück nun von einem Orgasmus herrührt oder einer großen Tafel Schokolade. Außerdem ist es daran gewöhnt, herumgeschüttelt zu werden. Deine Partnerin bewegt sich nicht nur beim Sex, sondern auch im Alltag. Was euch nach dem Sex mal auffallen könnte, wären leichte Blutungen. Man nennt sie Kontaktblutungen. Diese sind meist völlig harmlos, trotzdem könnten sie euch erschrecken. Sollte die Blutung gar nicht aufhören, dann unbedingt mit dem Frauenarzt bzw. der Hebamme in Kontakt treten. Sollten Blutungen im späteren Verlauf der Schwangerschaft auftreten, ab in die Klinik und abklären, was los ist.

Abgesehen davon seid ihr vielleicht einfach etwas vorsichtiger beim Sex. Ich habe z.B. immer versucht, den Bauch möglichst aus der Action rauszuhalten und die ganze Bewegung etwas in Grenzen zu halten. Damit habe ich mich einfach wohler gefühlt. Dafür gibt es Positionen, die besser geeignet sind als andere. Welche das sind, findet ihr am besten gemeinsam raus, euch wird nicht langweilig werden. Auch hier gilt als Indikator für alles, was ihr ausprobieren möchtet: Wenn es sich für deine Partnerin und dich gut und richtig anfühlt, ist alles in Ordnung. Umgekehrt: Lasst die Finger von Aktivitäten, die euch und speziell deiner Partnerin nicht guttun. Sprecht offen miteinander über das, was euch zum Thema Sex beschäftigt und ihr werdet euren Weg finden.

Ein paar Tipps für euch

Etwas mehr Vorsicht ist geboten, wenn ihr Sex mit wechselnden Partnern habt. In solchen Fällen solltet ihr dann doch nicht auf das Kondom vergessen. Nicht nur, um zu verhüten, sondern auch um euch und das Ungeborene vor Geschlechtskrankheiten zu schützen. Dabei muss man nicht vom Schlimmsten ausgehen, um sich und das Ungeborene schützen zu wollen. Klar ist: Aids, Syphilis, Chlamydien etc. bleiben euch und euren Nachfahren so erspart.

Klar, erlaubt ist was euch beiden gefällt. Allerdings kann es beim Sex – tendenziell zu späteren Zeitpunkten in der Schwangerschaft – durch die Ausschüttung des Liebeshormons Oxytocin – auch zu Wehen und Blutungen kommen. Sex kann also Wehen fördern und damit Frühgeburtserscheinungen verstärken, und das wollt ihr jetzt auf keinen Fall. Sollte dieser Fall eintreten, würde aber nicht nur bei deiner Partnerin die Lust auf Sex sofort dahin sein, sondern auch bei dir. Bei Wehen und Blutungen unbedingt die Hebamme kontaktieren oder gleich ab in die Klinik fahren. Den Vorgang der Oxytocin-Ausschüttung beim Sex kann man sich übrigens zu Nutze machen, wenn das Kleine schon überfällig ist und noch keine Anstalten macht, Mamas Bauch zu verlassen. Das wäre dann eine Art natürliche Einleitung der Geburt.

Nach der Geburt könnte das mit dem Sex rein theoretisch gleich wieder weitergehen, sollten keine Dammrisse, Wochenbettblutung o. Ä. vorliegen und alles gut verheilt sein. Ärzte empfehlen eine Pause von vier bis sechs Wochen einzuplanen und beim Sex ein Kondom zu verwenden, um Infektionen vorzubeugen. Um ganz sicher zu gehen, klärt erst mit dem Frauenarzt ab, ob alles passt.

Ihr seid noch unsicher, was das Thema Sex während der Schwangerschaft betrifft? Fragen sind offengeblieben? Dann ab mit diesen zur Hebamme. Diese wird euch vertrauensvoll alle euch am Herzen liegenden Unklarheiten beantworten. Scham oder Stolz ist hier fehl am Platz. Immerhin geht es um euer Liebesleben.

- Wusstest du, dass Stillen eine Art natürliches Verhütungsmittel ist? Zu 100 % kann man sich darauf aber nicht verlassen, weshalb ihr ein Kondom benutzen solltet, wenn ihr nicht sofort wieder Eltern werden wollt.

Das zweite Trimester

Ihr seid jetzt mitten in der Schwangerschaft angekommen. Müdigkeit und Übelkeit sind in weiten Teilen überstanden und viele – wenn auch nicht alle – Frauen beginnen, sich mit ihrer Schwangerschaft wohlzufühlen, da sich der Körper gewöhnt und angepasst hat und die Schwemme an Hormonen etwas abnimmt. Anna war ab dem zweiten Trimester nicht mehr so nahe am Wasser gebaut. Es brauchte zumeist wieder mehr als einen Song im Radio, damit Tränen flossen und sie bezeichnete sich selbst als „prächtig trächtig". Jetzt kommt die Genießerzeit und die werdende Mama kann ab nun immer mehr Bewegungen im Bauch spüren. Auch du wirst schon bald Tritte und Bewegungen bemerken können. Einfach mal die Hand auf den Bauch legen und spüren. Sollte das Baby nicht schlafen, dann schlägt es vielleicht gerade einen Purzelbaum und freut sich darauf, die Leute kennen zu lernen, deren Stimmen es nun jeden Tag hören kann.

Manchmal hat der Fötus aber auch Schluckauf, denn Reflexe wie Schlucken, Saugen, Zwinkern, Gähnen und eben Schluckauf (zu viel/zu schnell Fruchtwasser getrunken) haben sich entwickelt. Auch das kann deine Partnerin spüren. Das Baby ist jetzt übrigens 10 cm groß und wiegt ungefähr 120 Gramm. Es beginnt zu hören und Arme und Beine sind weit genug entwickelt, um benutzt zu werden. Es wird gefühlt, gestrampelt, getreten und gekickt. Das ist gut, denn einem Baby, das sich eifrig bewegt, dem geht es ziemlich sicher gut.

Im Körper deiner Partnerin

Das kleine Leben im Körper deiner Partnerin wächst unaufhörlich, und das bekommt sie natürlich mit. Ihr Bauch ist nun recht hart und es zieht und zwickt überall, dazu kommen immer wieder Verdauungsschwierigkeiten und möglicherweise auch Sodbrennen. In dieser Zeit hatte Anna teilweise unheimliche Träume, in denen Babys eine zentrale Rolle spielten. Über diese Träume haben wir oft gesprochen. Schlimmer war für sie aber, dass sie immer öfter nicht durchschlafen konnte, da sie regelmäßig auf die Toilette musste und dann nicht mehr zur Ruhe fand, da so viele Gedanken in ihrem Kopf herumgeisterten. Dieses Problem haben wir zumindest für einige Zeit gelöst, indem sie darauf achtete, untertags mehr zu trinken und abends bzw. vor dem Schlafengehen nur mehr wenig. Ihr hat beim Einschlafen dann auch noch ein Walkman mit alten Bibi-Blocksberg-Kassetten geholfen. Diese sorgten für Wohlbefinden und wohlige Kindheitserinnerungen. Und das hat als Einschlafhilfe sehr gut gewirkt.

Ab nun stark am Vormarsch: Rückenschmerzen. Langes Sitzen oder Stehen kann richtig unangenehm werden; kombiniert mit dem Gefühl, nun nicht mehr so schnell zu sein wie vor der Schwangerschaft, dafür umso plumper, ist das superdeprimierend. Der Bauch erfordert aber nicht nur mehr Vorsicht, er führt nun auch dazu, dass Kleidung nicht mehr passt. Wenn man in die Lieblingshose einfach nicht mehr hineinkommt und immer weniger Kleidung passt, kann daraus verständlicherweise schnell ein Drama werden. Und auch beim Schlafen kann der Bauch viele Gewohnheiten über den Haufen werfen. Schlafen am Bauch gehört nun der Vergangenheit an. Dafür wird es immer schwieriger, die richtige Position zu finden. Hier können Stillkissen oder spezielle Seitenschläferpolster helfen, eine angenehmere Schlafposition zu finden. Ärzte raten übrigens dazu, auf der linken Seite zu liegen. Warum? Rechts neben der Wirbelsäule verläuft eine der größten Venen in unserem Körper, die Vena Cava. Sie transportiert sauerstoffarmes Blut zurück zum Herzen. Schläft deine Partnerin am Rücken, lastet das ganze Gewicht des Babys und der Gebärmutter auf dem unteren Teil dieser wichtigen Vene. So würde dann der Blutrückfluss zum Herzen beeinträchtigt werden. Unter Umständen kann das auch zu einer Unterversorgung der Plazenta mit Sauerstoff führen, was wiederum das Ungeborene gefährden kann. Wer auf der linken Seite schläft, belastet die Vena Cava nicht. Das Blut kann gut zirkulieren und damit arbeitet auch die Plazenta optimal. In vielen Fällen dreht man sich aber ohnehin auf die linke Seite, da es sich meistens einfach angenehmer anfühlt. Was nun auch vermehrt in der Nacht auftreten kann, sind Krämpfe in den Beinen. Hier kannst du mit einer Beinmassage vor dem zu Bett gehen für Linderung sorgen oder mit Magnesiumpulver oder Creme.

Rituale und Zeit zu zweit und zu dritt

Es wird nicht mehr lange dauern und ihr werdet nicht mehr nur ein Paar sein, sondern eine (kleine) Familie. Und obwohl euer Nachwuchs noch in Mamas Bauch herumschwebt, könnt ihr schon damit beginnen, euch aneinander zu gewöhnen. Dann ist alles, was da noch kommen mag, einfacher zu bewältigen. Für mich war es lange etwas verstörend, durch den Bauch Tritte und Bewegungen zu spüren. Ich dachte lange nicht an ein kleines Baby, sondern eher an ein Alien, vor dem ich mich auch etwas fürchtete. Es fühlte sich zuerst irgendwie fremd an. Doch das hat sich im Laufe der Zeit geändert. Ab dem zweiten Schwangerschaftsdrittel haben meine Freundin und ich fast jeden Abend und auch manchmal am Morgen den Babybauch mit einem dafür geeigneten Öl eingeölt und gestreichelt. Dieses Ritual war nicht nur sehr wohltuend und für den Bauch und Mamas Haut entspannend, das Einölen beugt auch Schwangerschaftsstreifen vor – und ich habe mich so leichter an das Baby gewöhnen können. Das ist ein tolles Gefühl, das einem noch dazu Angst nimmt und etwas Selbstbewusstsein für die Zukunft gibt. Und das Baby im Bauch freut sich auch sehr, wenn man sich mit ihm beschäftigt.

Damit sind wir auch schon mitten im Thema. Der Nachwuchs ist zwar noch nicht da, aber dennoch sehr präsent. Genießt diese Zeit. Ihr könnt wachsen an der gemeinsamen Vorbereitung für die Geburt und die Zeit danach, an den großen und kleinen Herausforderungen, und sei es nur beim sogenannten „Nestbau", der oftmals nervenaufreibender ist als manche Schwangerschaft (Stichworte: Hausbau, Umbau, Renovierung, Zeitdruck).

Für Anna und mich war gemeinsames Baden etwas sehr Entspannendes und Angenehmes, von unserer Hebamme übrigens ausdrücklich empfohlen. Und wenn dann doch einmal alles zu viel wurde, hat Anna die Badewanne für sich allein gehabt und sich zurückziehen können. Sieben Wochen vor der Geburt sind wir auf ein Konzert der Band Granada und haben nochmal wie Teenies rumgeknutscht. Dass wir das Teenageralter aber schon weit hinter uns gelassen haben, wurde uns schmerzlich bewusst, als wir aufgrund von Müdigkeit und weil wir keine Lust hatten, an der spärlich besetzten Garderobe lange zu warten, vor Konzertende gegangen sind.

Abgesehen davon zelebrierten wir seltene, aber leidenschaftliche Mc Donalds-Besuche, die in Kärnten aufgrund der großen Entfernung zum nächsten Fast-Food-Restaurant noch seltener, aber umso leidenschaftlicher wurden.

Spaß haben mit dem Baby im Bauch

Je später in der Schwangerschaft, umso mehr macht sich natürlich das Baby bemerkbar. Das kann man dann manchmal mit einbeziehen. Da ich seit dem Umzug nach Kärnten im Jugendzentrum arbeite und dort jeden Tag viele Stunden schlechte Musik hören muss, genoss ich es, dem Baby eine tolle Auswahl an, meiner Meinung nach, guter Musik aus meiner Plattensammlung vorspielen zu können. Musikerziehung im Bauch mit *A Tribe called Quest* und anderem feinen

90er-Scheiß. Manchmal habe ich dem Baby im Bauch Lieder laut vorgesungen und dabei meine Hand auf den Bauch meiner Partnerin gelegt. Unabhängig davon habe ich dir hier eine kleine Playlist mit Liedern zusammengestellt, in denen „Baby" eine prominente Rolle spielt. Zum Vorspielen und Mitsingen.

I. No Doubt – Hey Baby
II. Wanda – Bussi Baby
III. Love Hotel Band - Diamant
IV. Britney Spears – Baby one more time
V. Vanilla Ice – Ice Ice Baby
VI. The Rolling Stones – Anybody Seen My Baby
VII. Bob Dylan – Its all over now Baby Blue
VIII. Janis Joplin – Cry Baby
IX. Chris Isaak – Baby did a bad bad thing
X. Enrique Iglesias – Hero
XI. Marvin Gay - Too Busy Thinking 'Bout My Baby
XII. Dj Ötzi – Hey Baby
XIII. Justin Bieber ft. Ludacris – Baby (nicht auszuhalten, darf in der Liste aber trotzdem nicht fehlen.)

Was nun auch ganz lustig werden kann, ist mit einer Taschenlampe oder einem Fahrradlicht den Bauch anzuleuchten. Reagiert euer Baby darauf? Es ist sicher neugierig, was für ein Licht das ist und wird sich bemerkbar machen. Und natürlich könnt ihr auch schon mit dem Baby im Bauch sprechen. Es wird eure Stimmen wiedererkennen und sich an diese gewöhnen, wenn es euch, also auch dich, oft hört.

Auch das gemeinsame Serienschauen mit Schokolade als Beilage zelebrierten Anna und ich regelmäßig (einige der da angehäuften Kilos sind mir geblieben). Egal, was ihr macht, alles was deine Partnerin und dich gerade zusammenschweißt und glücklich macht, ist erst einmal gut.

Dazu zählten für Anna und mich auch gemeinsames Kochen oder zumindest jeden Tag gemeinsam ein gutes Essen zu genießen. Zu unseren Ritualen gehörte auch das gemeinsame Einschlafen und gemeinsames Radio- oder Podcasthören. Da man ja bald nicht mehr „nur" ein Paar ist, haben wir die letzten Monate zu zweit einfach genossen und uns aneinander erfreut, inklusive Kuscheln, Massieren und Streicheln. Aber auch die Arbeit an diesem Buch, also an einem gemeinsamen Projekt, hat uns gutgetan. Vielleicht habt auch ihr ein gemeinsames Vorhaben?

- Es gibt nichts, was es nicht gibt. Du willst deinem Nachwuchs typische klassische Musik vorspielen, weil es dann angeblich schlauer wird? Auf Youtube gibt es etliche Playlists mit *Classical Music for Unborn Babies* oder *Pregnancy Music for Mother and Unborn Baby*.

- Auf Netflix gibt es eine australische Serie mit dem Titel *Yummy Mummies*. Reich und schwanger als Programm. Ob man gut findet, dass es so etwas gibt, sei dahingestellt. Unterhaltsam ist die Serie aber auf jeden Fall.

Einen Namen finden

Eigentlich eine große Aufgabe: Einem menschlichen Wesen einen Namen geben, den es ein Leben lang tragen soll. Viele glauben sogar, dass der Name auch den Charakter eines Menschen prägt. Ich persönlich glaube eher nicht daran. Dein Sohn wird nicht mit Elefanten die Alpen überqueren, um Rom einzunehmen, nur weil du ihn Hannibal nennst und dir einen starken, mächtigen Jungen wünschst. Eher assoziieren wir mit Namen auch einen gewissen sozialen Hintergrund.

Von Sansa bis Jakob – die große Wahlfreiheit

Wie die Mode unterliegen auch Babynamen Trends. Abgesehen von einigen Dauerbrennern wie Anna und Julia kommen und gehen Namen. Einen starken Einfluss auf die Vergabe des Namens haben natürlich populäre Filmfiguren und Seriencharaktere, aber auch literarische Persönlichkeiten. Zum Beispiel inspirierten die Charaktere der Fantasyserie *Game of Thrones* manche Eltern dazu, ihre Kinder Khaleesi, Arya, Sansa oder Tyrion zu nennen. Manchmal sind es auch Vorfahren oder Taufpaten, deren Namen verwendet werden. In den letzten Jahren gab es einen starken Trend zu kurzen Namen, der weiterhin anhält. In der Gunst von Eltern gestiegen sind darüber hinaus Namen, welche international geläufig sind. Demgegenüber scheint es aber eine Sehnsucht nach traditionellen alpenländischen Namen zu geben. Auch mächtig klingende Namen aus dem Alten Testament sind gefragt. Ich persönlich habe es immer als eigenartig empfunden, wenn Leute, die mit der Kirche nichts zu tun haben, ihre Kinder nach Schlüsselfiguren der konservativ-christlichen Glaubenslehre des Alten Testaments benennen. Naja, du merkst schon, die Namensfindung kann durchaus kompliziert werden.

Du hast möglicherweise ebenfalls schon oft über Namen nachgedacht, die dir gefallen könnten oder weißt bereits ganz genau, welche du gut findest. Die zentrale Frage, die dir bei der Auswahl weiterhilft, ist meiner Meinung folgende: Könntest du dir vorstellen, mit diesem Namen ein Leben lang zu leben, ohne unangenehmen Kommentaren ausgesetzt zu sein? In der Volksschule genauso wie später im Berufsleben? Wenn die Antwort Nein ist, dann nennst du am besten auch dein Kind nicht so. Darüber hinaus gibt es einige Vorgaben, die bei der Namensgebung beachtet werden müssen. Auf oesterreich.gv.at können wir lesen: „Bezeichnungen, die nicht als Vornamen gebräuchlich sind oder dem Wohl des Kindes abträglich sind, dürfen nicht in das Geburtenbuch eingetragen werden. Auch muss zumindest der erste Vorname des Kindes dem Geschlecht entsprechen.“ So weit, so gut.

Anna und ich haben jeder für sich einige Mädchennamen und einige Burschennamen aufgeschrieben, um auf jeden Fall vorbereitet zu sein, denn wir wollten das Geschlecht nicht vor der Geburt wissen. Auf „den einen“ Mädchen- bzw. Burschennamen konnten wir uns nämlich nicht einigen. Außerdem habe ich mir viel leichter getan, super Namen für Mädchen zu finden als für Jungs. Leider hatten einige meiner Exfreundinnen sehr coole Namen. Die durfte ich aber nicht verwenden.

Meine Partnerin und ich haben uns jedenfalls darauf verlassen, dass, wenn das Baby erstmal da ist, wir recht schnell wissen werden, welcher Name der richtige ist. Es hat funktioniert.

- Ihr habt noch überhaupt keine Ahnung, welchen Namen euer Kind tragen könnte? Die Auswahl an Namensbüchern ist beinahe so groß wie die der Ratgeber für schwangere Frauen. Online gibt es noch mehr. Meine Partnerin und ich sind auch einige Male zum Wiener Zentralfriedhof gefahren, um uns inspirieren zu lassen. Klingt etwas makaber, ist aber durchaus hilfreich. Man findet wohl an kaum einem anderen Ort eine ähnlich große Auswahl an potenziellen Namen aus aller Welt und den letzten Jahrhunderten wie auf diesem Friedhof. Macht doch mal einen Ausflug zum Friedhof, bisschen spazieren und Namen suchen. Ergänzend dazu gibt es eine großartige Seite der Statistik Austria, auf der ihr Namen und ihre statistische Verbreitung herausfinden könnt. Auf der Seite dieses Namens-Atlasses kann man Stunden verbringen: statistik.at/atlas/vornamen

Wie ist das mit dem Familiennamen?

Je nachdem, welchen Legalitätsstatus eure Beziehung hat, ist die Weitergabe des Familiennamens in Österreich unterschiedlich geregelt. Da gibt es einiges zu beachten.

Grundsätzlich gilt: Die Bestimmung des Familiennamens des Kindes kann nach der Geburt des Kindes erfolgen. So besteht beispielsweise auch die Möglichkeit, den Familiennamen des gemeinsamen Kindes bei der Ausstellung der Geburtsurkunde beim zuständigen Standesamt festzulegen oder zu ändern. Da die Bestimmung des Familiennamens zeitlich nicht beschränkt ist, kann es auch dazu kommen, dass das Kind vorerst den Familiennamen der Mutter und später durch eine entsprechende Namensbestimmung einen anderen Familiennamen erhält.[11] Das kann allerdings mit etwas Aufwand und einigen Kosten verbunden sein.

Verheiratete Paare mit demselben Familiennamen

Das ist relativ einfach: Wenn ihr denselben Familiennamen führt, bekommt diesen auch euer Kind. Das gilt auch für Doppelnamen. Verheiratete Paare sind grundsätzlich gemeinsam obsorgeberechtigt und müssen sich deshalb auch einvernehmlich auf den Familiennamen einigen. Schafft ihr das nicht, erhält das Kind automatisch den Namen der Mutter. „Obsorge“ meint die Pflege und Erziehung des Kindes, gesetzliche Vertretung und Verwaltung des Vermögens.

---

11 Alle Infos zur Thematik sind auch auf www.oesterreich.gv.at zu finden.

Verheiratete Paare mit unterschiedlichen Familiennamen

Habt ihr bei der Eheschließung keinen gemeinsamen Familiennamen bestimmt, behaltet ihr weiterhin eure bisherigen Familiennamen bei. Ihr habt die Möglichkeit, den Familiennamen eines Elternteils zum Familiennamen des Kindes zu bestimmen. Wenn ihr den Familiennamen nur eines Elternteils verwenden möchtet und besteht dieser aus mehreren voneinander getrennten oder durch einen Bindestrich verbundenen Teilen, kann sowohl der gesamte Familienname als auch nur dessen Teile verwendet werden. Könnt ihr euch vorläufig nicht auf einen Namen einigen, bekommt das Kind automatisch den Familiennamen der Mutter, auch wenn dieser ein Doppelname ist.

Möglich ist auch, dass sich der Familienname eures Kindes aus den beiden Familiennamen der Eltern zusammensetzt. Dieser darf dann aus maximal zwei Namensteilen bestehen, welche mit einem Bindestrich getrennt werden.

Heirat nach der Geburt

Ihr habt euch dazu entschieden, nach der Geburt eures Kindes zu heiraten. Ihr habt dabei einen gemeinsamen Familiennamen, vielleicht einen Doppelfamiliennamen gewählt. Nun ist es möglich, den Familiennamen des Kindes durch Namensbestimmung anzupassen. Allerdings müsst ihr dies aktiv beantragen. Ein automatisches Namensänderungsverfahren ist nicht vorgesehen. Um das Ganze noch komplizierter zu machen bzw. um eure Auswahlmöglichkeiten zu erweitern, gibt es noch eine zusätzliche Möglichkeit: Habt ihr euch entschieden, einen gemeinsamen Familiennamen zu führen, kann dennoch der Ehegatte, dessen Familienname nicht gemeinsamer Familienname ist, einen Doppelnamen führen. Auch dieser Doppelname eines Elternteils kann zum Familiennamen des Kindes bestimmt werden.

Ihr seid zum Zeitpunkt der Geburt nicht verheiratet – gemeinsame Obsorge

In einem solchen Fall bestimmt immer die mit der Obsorge des Kindes betraute Person den Familiennamen. Das ist grundsätzlich immer die Mutter.

Aber es besteht die Möglichkeit, die gemeinsame Obsorge zu beantragen – dann müsst ihr euch wieder gemeinsam auf einen Familiennamen einigen. Dafür musst du als Vater die Vaterschaft auch anerkennen.

Die gemeinsame Obsorge beantragt ihr zum Beispiel einmalig vor der Standesbeamtin/dem Standesbeamten persönlich und unter gleichzeitiger Anwesenheit nach einer Belehrung über die Rechtsfolgen. Das kann nach der Geburt passieren, auch wenn der vorläufig vergebene Familienname jener der Mutter war. In der Praxis könnt ihr diese gemeinsame Obsorge im Zuge der Meldung über die Geburt eures Kindes am Standesamt vornehmen. Dies war die Variante, für die wir uns entschieden haben. Erst hat unser Kind den Familiennamen der Mutter getragen und zwei Wochen später am Meldeamt/Standesamt wurde dieser auf meinen Familiennamen geändert.

Nicht verheiratet – alleinige Obsorge

Die Obsorge für Kinder, deren Eltern nicht miteinander verheiratet sind, fällt grundsätzlich allein der Mutter zu. Somit bestimmt die Mutter des unehelichen Kindes den Familiennamen des Kindes. Wenn du aber die Vaterschaft anerkennst, hat die Mutter die Möglichkeit, dem Kind auch deinen Familiennamen zu geben oder auch eine durch einen Bindestrich getrennte Kombination aus ihrem und deinem Familiennamen.

Erkennst du die Vaterschaft nicht an und übernimmst du keine Obsorgepflichten, dann lebt ihr wohl ziemlich sicher auch nicht zusammen. Der Elternteil, in dessen Haushalt das

Kind hauptsächlich betreut wird, muss mit der gesamten Obsorge betraut sein. Daraus ergibt sich auch, welcher Elternteil dem Kind den Unterhalt in Geld zu leisten hat, nämlich der, bei dem sich das Kind nicht hauptsächlich aufhält.

Reiselust und Babybauchzeit

Bezüglich des Reisens in der Schwangerschaft gibt es etliche Mythen. Ich gehe gar nicht auf alle ein, sondern möchte lieber meine Erfahrungen mit dir teilen. Grundsätzlich sind die ersten zwei Schwangerschaftsdrittel die ideale Zeit, um noch einmal gemeinsam zu reisen. Sei es in der Gruppe mit Freundinnen und Freunden, mit dem Partner oder vielleicht möchte deine Freundin sogar noch einmal ein paar Tage allein losstarten. Möglicherweise wurde der Ausflug auch schon gebucht, bevor ihr wusstet, dass ihr schwanger seid. In wenigen Monaten werdet ihr nicht mehr allein sein, deshalb sind die ersten sechs Monate auch ein guter Anlass, um noch einmal gemeinsam die Füße hoch zu legen und die Seele baumeln zu lassen. Am Meer, an einem See oder in den Bergen. Ihr solltet aber unbedingt beachten, dass ihr die Reise und eure Aktivitäten der Schwangerschaft anpasst. Bungeejumpen, Freeclimbing und ähnlich aufregende Unternehmungen solltet ihr jetzt besser sein lassen, eh klar. Lange Touren können nun noch anstrengender sein und die Übelkeit der ersten Monate viel an Reiselust zunichtemachen. Manchmal ist die Müdigkeit zu groß, um alle geplanten Aktivitäten durchzuführen. Dann chillt einfach mehr und verringert körperliche Anstrengung etwas. So oder so, deine Partnerin sollte sich wohlfühlen und du dich natürlich auch. Wenn es euch gut geht, dann freut das auch das Baby. Überlegt nicht zu lange, wo es hingeht, eine Schwangerschaft ist schneller vorbei als ihr glaubt. Eine Sache solltet ihr aber nicht vergessen: Da die Haut in der Schwangerschaft etwas empfindlicher sein kann, besser nicht zu lange in der prallen Sonne liegen, schon gar nicht ohne Sonnenschutz.

- Wusstest du, dass es unterschiedliche Vorgaben bei Fluggesellschaften gibt, bis zur wievielten Schwangerschaftswoche Frauen transportiert werden? Manchmal werden ärztliche Unbedenklichkeitsbescheinigungen eingefordert. Informiert euch darüber rechtzeitig vor dem Abflug, damit es keine böse Überraschung am Flughafen gibt. Beim Flug dann genügend trinken und wenn möglich die Beine bewegen, um Thrombosen vorzubeugen. Wer ganz sichergehen möchte, bringt der Partnerin sexy Kompressionsstrümpfe mit.

Sport in der Schwangerschaft

Wer reist, macht unter Umständen auch Sport. Vor allem, da nun im zweiten Trimester bei vielen Frauen die große Müdigkeit der ersten Monate abnehmen kann. Vielleicht reist ihr auch nicht, seid aber dennoch ein bewegungsfreudiges Paar. Oder aber deine Partnerin möchte ihren Körper auf die Geburt vorbereiten, vielleicht etwas gesünder leben, da sie jetzt Mutter wird. Zu diesen Punkten gibt es einige Dinge zu beachten.

Besonders unbedenklich sind körperliche Aktivitäten, wenn ihr oder deine Partnerin schon vor der Schwangerschaft regelmäßig Sport betrieben hat – es ist ja schließlich ein fixer Bestandteil im Leben vieler Menschen. Und auch hier gilt wie in allen Bereichen der Schwangerschaft: Gut ist, was deiner Partnerin guttut. Sportarten mit hohem Verletzungsrisiko solltet ihr nun aber lieber vermeiden (also Paintball oder Motocross ist jetzt keine gute Idee mehr). Auch Reiten oder Klettern beinhalten ein Sturz- und Fallrisiko, und das wiederum kann für Mutter und Ungeborenes gefährlich werden. Hört am besten auf euren Hausverstand. Umgekehrt kann Laufen und vor allem Schwimmen, Yoga, Schwangerschaftsgymnastik und Pilates gerade für Schwangere eine sehr positive Wirkung auf Körper und Geist haben. Anna und ich waren im zweiten Schwangerschaftsdrittel gerne Bowlen bzw. Kegeln. Die meisten Mutter-Kind-Zentren oder Hebammenzentren bieten auch Yoga oder Turnen an. Hier kann man nicht viel falsch machen, einfach mal erkunden. Schließlich werden in manchen Instituten und Kliniken auch noch physiotherapeutische Geburtsvorbereitungen angeboten – es wird jedenfalls nicht langweilig.

Wer es eher ruhig angehen möchte oder sportlich nicht so versiert ist, macht mit langen Spaziergängen oder Nordic Walking keinen Fehler: Die Hauptsache ist, dass regelmäßig etwas Bewegung reinkommt. Wer die Möglichkeit hat, kann sich im Winter mit der Partnerin auch mal die Langlaufschuhe anschnallen und eine gemütliche Runde drehen. Eine Schwangerschaft ist kein Grund dafür, auf der Couch zu versauern. Regelmäßige Bewegung bereitet den Körper auf die anstrengende Geburt vor, fördert Kreislauf und Durchblutung und sorgt für Glückshormone. Bewegung in der Sonne steigert die Versorgung mit Vitamin D (Sonnenschutz aber nicht vergessen).

Aber auch abends und nachts könnt ihr was unternehmen, denn der beste Sport ist möglicherweise einfach, auf Konzerte zu gehen und zu tanzen. Und auch Sex ist eine sportliche Angelegenheit. Egal, wofür ihr euch entscheidet, genießt eure gemeinsame Zeit. Malen, Basteln, Tanzen, Yoga, Turnen, Pilates, Boccia, Kochen. Die Schwangerschaft ist eine gute Gelegenheit, sich gemeinsam für einen Kurs anzumelden. Es gibt etliche Paarangebote, wer will, probiert es einfach mal aus.

Umzug während der Schwangerschaft

Alles ist leichter, wenn man einen Platz für sich und die neue Familie hat. Deshalb ist es auch alles andere als ungewöhnlich, dass während der Schwangerschaft umgezogen wird oder man die Schwangerschaft zum Anlass nimmt, endlich etwas Passenderes zu suchen. Ich möchte das nicht gleich als „Nestbau" oder „Nestbautrieb" bezeichnen, aber es entwickeln und ergeben sich für dich und deine Partnerin automatisch neue Bedürfnisse, die nicht immer in der aktuellen Wohnsituation befriedigt werden können. Es ist ja auch gut und richtig, dass Eltern, soweit möglich, gute Rahmenbedingungen für das zukünftige Zusammenleben als Familie schaffen wollen. Viele wollen gerne in der nicen Villa mit Garten und Pool wohnen. Den Allermeisten fehlt dazu aber das nötige Kleingeld und so spiegelt die Wohnsituation meistens auch die finanziellen Möglichkeiten wider.

Anders als bei unserer Elterngeneration ist das mit dem Hausbau heute nicht mehr so einfach. Die Kosten sind wesentlich gestiegen und viele können (und wollen) sich kein Einfamilienhaus und dessen Erhaltung mehr leisten. Viele können diesen Traum nur dann verwirklichen, wenn sie sich über Jahrzehnte verschulden. Diese Schulden sind wiederum häufig eine Belastung für die Partnerschaft und die gemeinsame Zukunft. Aber auch eine Wohnung zu erwerben ist heute oft keine Alternative mehr, weil einfach zu teuer.

Der Wohnungsmarkt ist ein Haifischbecken, in dem man schnell untergeht. Du hast aber eine Unterstützung, die viele nicht haben: deine schwangere Partnerin. Wenn ihr euch also für eine Mietwohnung entscheidet und ihr Lust auf diese Art der Wohnungssuche habt, dann nimm sie auf jeden Fall zur Besichtigung mit und sorgt dafür, dass ihr Bauch dem Wohnungsbesitzer oder Makler ins Auge sticht. Im Zweifel habt ihr immer die besseren Karten gegenüber Studenten oder Leuten, die eine Wohnung für sich allein suchen oder auch gegenüber Leuten mit schon älteren Kindern. Klingt hart, aber so ist der Wohnungsmarkt. Den wenigsten ist es komplett egal, dass ihr schwanger seid und noch keine Wohnung für euch habt.

Manche Freunde von mir haben sich dazu entschieden, weiter in der Wohngemeinschaft zu bleiben oder sind in eine Wohngemeinschaft gewechselt. Auch ein ganzes Haus kann man sich als WG teilen. Ob in der WG alle eine Freude damit haben, wenn ein Neugeborenes gleich auch neuer Mitbewohner wird, solltet ihr aber im Vorhinein abklären.

Bei all diesen Bestrebungen, einen Wohnort für euch zu finden, geht es natürlich immer auch darum, dass ihr euren Platz findet und diesen gestalten könnt. Und auch hier hätte ich einen Vorschlag für dich: Junge Familien sind die Lebensgarantie für Orte, Dörfer und Städte, egal welcher Größe. Nicht jede Stadt hat so viele Gemeindewohnungen wie Wien, aber fast jeder Ort hat welche. Seid selbstbewusst bei der Suche nach eurem Platz. Geht zur zuständigen Stelle bei der Gemeinde oder der Stadt, in der ihr gemeldet seid. Lasst euch nicht abspeisen und fragt nach (geförderten) Wohnungen für Jungfamilien bzw. werdende Familien. Ihr werdet euch wundern, was alles möglich ist bzw. wird. Und wenn ihr als werdende oder junge Familie keinerlei Unterstützung von einer Gemeinde oder einer Stadt erhaltet, dann überlegt euch, ob ihr dort überhaupt wohnen wollt.

Manchmal, wenn das Elternhaus es zulässt, gibt es vielleicht auch die Möglichkeit, darin einen Platz zu finden. Über die letzten Jahrzehnte hat das Modell „mehrere Generationen unter einem Dach“ zwar an Beliebtheit verloren, aber es gibt einiges, das dafürspricht. Mehrere Generationen unter einem Dach können sich gegenseitig unterstützen. Die zur Verfügung stehenden Ressourcen werden mehr und Kosten (Stichwort Heizung) können möglicherweise gesenkt oder geteilt werden. Auch bei der Nutzung von Fahrzeugen, Sportgeräten, Werkzeug und vielem mehr kann man sich einiges teilen und ersparen. Nicht zuletzt können Großeltern so aktiv am Leben ihres Enkelkindes oder der Enkelkinder teilnehmen und die Kinder profitieren stark von einem erweiterten Bezugspersonenkreis. Dafür ist es aber notwendig, die eigenen Grenzen zu kennen und diese auch zu artikulieren. Denn wenn Mutter/Vater oder Schwiegermutter/Schwiegervater im selben Haus wohnen, kann dies auch allerlei ungewollte Dynamiken und Konflikte auslösen. Sorgt dafür, dass euer Lebensbereich wirklich abtrennbar von jenem der Eltern/Schwiegereltern ist. Getrennte Eingänge, so dass man nicht immer durch die Wohnung der anderen muss, wirken Wunder und machen klar, dass sie nicht reinplatzen können, wann sie wollen. Daran werden sich Oma und Opa gewöhnen müssen.

Wichtig ist, dass ihr selbst früh genug darüber nachdenkt, was ihr braucht und wo ihr wohnen möchtet. In der Schwangerschaft ist zwar einiges zu tun, aber noch habt ihr Zeit, einen Umzug zu planen und (mit Unterstützung von Freunden und Familie) durchzuführen. Solange das Baby nicht da ist, funktioniert das zumeist leichter. Wenn es dann da ist, habt ihr ohnehin andere Dinge zu tun. Anna und ich sind zwei Monate bzw. einen Monat vor der Geburt unseres Sohnes nach Kärnten gezogen. Anna war vom Beginn des Mutterschutzes an einige Wochen ohne mich in Wien. Sich in dieser besonderen Zeit der Schwangerschaft gleich über mehrere Wochen gar nicht zu sehen, war für mich schwerer, als ich erwartet hätte. Anna und ein großer Teil unserer Sachen kamen also erst einen Monat vor der Geburt nach Kärnten. Nach der Geburt haben wir das erste Mal wirklich zusammengelebt. Davor hatte jeder von uns seine eigene Wohngemeinschaft. Klingt alles ein bisschen verrückt? Auch wenn der Umzug die Nerven strapaziert hat und ohne die Unterstützung von Familie und Freunden nicht möglich gewesen wäre, hat alles gut geklappt. Wir haben es geschafft, also schafft ihr das auch!

Geburtsvorbereitung

Wo fängt man da am besten an? Ich habe mich der Thematik so angenähert, dass ich einfach mal mit anderen Männern in meinem Alter über Geburtsvorbereitung und Geburtsvorbereitungskurse gesprochen habe. Ich wollte wissen, wie andere das machen.

Für Anna und mich war schnell klar, dass wir gerne gemeinsam einen Kurs besuchen möchten. Nicht dass wir unseren Müttern in Geburtsangelegenheiten nicht trauen würden, aber in den letzten Jahrzehnten hat sich auf diesem Feld doch einiges getan und wir hatten als Paar einige Fragen, die wir lieber einer Hebamme stellen wollten. Und ein Freund von mir, dessen Nachwuchs einige Monate vor unserem zur Welt kam, meinte hinsichtlich der Geburtsvorbereitung beinahe euphorisch: Ich sollte unbedingt einen Geburtsvorbereitungskurs besuchen und immer mit meiner Freundin mitgehen. „Tu mit bei der Geburt! Ich habe mein Kind auch mit auf die Welt gebracht! Das vergisst du nicht mehr!"

Heute weiß ich, er hat recht. Dennoch, ein Geburtsvorbereitungskurs kann sich für einen Mann auch etwas komisch anfühlen. Man bringt das Baby ja nicht zur Welt, denkt am Beginn vielleicht, man ist komplett überflüssig. Oder man ist nervös, weil man denkt, dass alle anderen Männer im Kurs sehr viel wissen, auf jeden Fall mehr als man selbst. Und überhaupt!

Tatsächlich aber erfährst du bei einem guten Vorbereitungskurs nicht nur viel über dich selbst, sondern auch, wie du deine Partnerin unterstützen kannst und ganz nebenbei ist ein solcher Kurs, sofern ernst genommen, auch ein super Input für eure Beziehung.

Keine Angst, ich schick dich nicht ganz unvorbereitet rein. Je nach Hebamme oder Einrichtung kann die Schwerpunktsetzung im Kurs natürlich variieren, doch einige Themen werden voraussichtlich bei allen vorkommen. Dazu zählen Atem- und Entspannungsübungen, Beckenbodenübungen bzw. Yoga oder Fitnessübungen oder einfach Informationen zum Vermeiden falscher Körperhaltungen. Ihr werdet erfahren, wie ihr merkt, ob die Geburt beginnt (Regelmäßigkeit und Zeitabstände zwischen den Wehen) und darüber sprechen, wie man mit den Schmerzen umgehen kann. Du kennst sicher die klassische Darstellung von Geburten aus dem Fernsehen und Serien. Die Frau liegt am Rücken, Beine in die Höhe – und raus kommt das Baby. Im Geburtsvorbereitungskurs habe ich erfahren, dass viele Frauen ihr Baby in anderen Positionen zur Welt bringen. Bei der Geburt z.B. wird gekniet oder auf allen Vieren gehockt. Es wird sich angelehnt oder einfach gestanden. Auf jeden Fall arbeitet man mit der Schwerkraft und nicht wie bei den Serienvorbildern liegend gegen diese. Zwischen den Wehen kann gegangen werden oder eben das, wonach der werdenden Mutter gerade ist. Das kann alles ganz schnell gehen oder länger dauern.

Darüber hinaus gibt es in einem solchen Kurs alle möglichen Infos rund um die Geburt. Sei es zum Thema Wehen, zum Thema Gebären oder wie Mann unterstützend tätig sein kann. Abgesehen davon bereitet euch ein Geburtsvorbereitungskurs auf die werdende Elternschaft vor. Wie halte ich das Baby? Wie wickelt man ein Tragetuch? Wie wechselt man Windeln? Und natürlich kannst du alle deine Fragen stellen, Unsicherheiten und Anliegen zur Sprache bringen. Als Mann hast du bei und rund um die Geburt eine wichtige Aufgabe und du wirst gebraucht, sofern du kein Nervenbündel bist.

Irgendwann kommt dann vielleicht auch die Frage nach deinen Vorstellungen von Vaterschaft. Wie findest du in deine Rolle und wie willst du diese gestalten? Ich möchte dir da nur so viel mitgeben: Die richtige Vaterfigur ist jene, in der du dich wohl fühlst und die mit den Ansprüchen und Bedürfnissen eurer kleinen oder größeren Familie abgestimmt ist. Speziell zu diesem Thema möchte ich dir noch einmal die Podcasts *Drei Väter – Ein Podcast* und *Beste Vaterfreuden* ans Herz legen.

- In Wien gibt es im Hebammenzentrum großartige Angebote. Neben den üblichen Vorbereitungen von Hebammen leitet dort auch ein Mann (Sozialarbeiter, zweifacher Vater) Geburtsvorbereitungskurse. Aber nicht nur das. Als Mann hast du dort auch die Gelegenheit, ein kostenloses Gespräch über alles, was dir bzgl. Vaterschaft an Fragen am Herzen liegt, zu führen. Ich habe dies in Anspruch genommen und war von dem Input rundum begeistert. Darüber hinaus gibt es Geburtsvorbereitungskurse mit Schwerpunkt auf die Väter. Probier es einfach aus.

Sozialleistungen und rechtliche Ansprüche rund um die Geburt

Eltern, Mütter und Väter haben in Österreich Anspruch auf gewisse staatliche Leistungen. Anna und ich haben recht schnell bemerkt, dass es einiges zu beachten und entscheiden gibt. Da wir uns speziell bezüglich des für uns richtigen Karenzmodells unsicher waren, haben wir ein persönliches Beratungsgespräch bei der Arbeiterkammer (AK) in Anspruch genommen. Dies hat uns sehr weitergeholfen. Dabei haben wir zum Beispiel erfahren, dass eine gemeinsame Meldeadresse einiges erleichtert. Zögere nicht, bei der AK anzurufen oder einen

Termin zu vereinbaren. Auf das Informationsmaterial der AK beziehe ich mich im folgenden Artikel auch stark.

Vier Themenbereiche sind wichtig: das Wochengeld (für die Mutter), das Kinderbetreuungsgeld, die Familienbeihilfe und natürlich die Karenzdauer. Nachvollziehbar ist auch, dass nur Väter, die ihre Vaterschaft anerkannt haben, überhaupt Zugang zu Leistungen wie Kinderbetreuungsgeld, Familienbeihilfe und Karenzzeit haben.

Das Wochengeld

Wenn deine Partnerin berufstätig ist, hat sie Anspruch auf das sogenannte Wochengeld. Dieses stellt einen Ersatz für ihr sonstiges Einkommen dar und wird von der Krankenkasse ausbezahlt. Es wird in der Regel für die letzten acht Wochen vor dem errechneten Geburtstermin (Schutzfrist), dem Tag der Geburt und die acht Wochen nach der Geburt ausbezahlt.

Um das Wochengeld zu erhalten, muss deine Partnerin bei ihrer Arbeitsstelle natürlich Bescheid geben, dass sie ein Kind erwartet und den errechneten Geburtstermin offenlegen. Die Arbeitsstelle ist verpflichtet, alle nötigen Unterlagen an den Versicherungsträger weiterzuleiten. Im Zweifel kann man bei diesem nachfragen, ob die Arbeitsstelle ihrer Verpflichtung nachgekommen ist. Manchmal wird man auch aufgefordert, fehlende Dokumente nachzureichen.

Kurz vor dem Beginn des Mutterschutzes wird bei deiner Partnerin ein Brief eintrudeln mit allen Infos zum Wochengeld. Gleich zu Beginn des nächsten Monats erhält sie dann ihr durchschnittliches Monatsgehalt (Nettoverdienst der letzten drei vollen Kalendermonate vor Eintritt in den Mutterschutz) inklusive 14 %, 17 % oder 21 % Sonderleistungen (13. und 14. Gehalt), davon wird ein Tagesdurchschnitt ermittelt, der als tägliches Wochengeld auf ihr Konto überwiesen wird.

- Sollte das Baby früher als errechnet kommen, verlängert sich der Bezug des Wochengeldes nach der Entbindung um die Zeit, die das Baby zu früh geboren ist.

- Nach einer Frühgeburt, Mehrlingsgeburt oder Kaiserschnittentbindung bekommt deine Partnerin das Wochengeld für zwölf Wochen nach der Geburt anstatt der üblichen acht.

- Bei selbstständiger Beschäftigung oder Versicherung, dem Bezug von Arbeitslosengeld oder Mindestsicherung etc. es ist sinnvoll, sich genauer beraten zu lassen.

Euer Karenzmodell

Der Satz „Die Kleinen werden so schnell groß" ist mehr als eine Phrase. Durch Kinder und ihr Wachsen und Gedeihen bekommt man als Eltern genau vor Augen geführt, wie rasch die Zeit wirklich vergeht. Die ersten Monate und Jahre sind einzigartig in der Entwicklung eines Menschen, und wenn diese Zeit vorbei ist, dann kann sie nicht zurückgeholt werden. Diese Phase ist – jetzt einmal unabhängig von Fragen der Gleichberechtigung zwischen Mann und Frau – so großartig, dass es natürlich auch für Männer Sinn macht, einige Monate oder auch länger die Kleinkindbetreuung zu übernehmen. Diese Erfahrung, der Beziehungsaufbau und dein VIP-Platz in der ersten Reihe bei der Entwicklung deines Kindes ist in Geld nicht aufzuwiegen. Deshalb kann ich die Karenzzeit nur empfehlen. Und tatsächlich hat sich in den letzten Jahren beim Thema Kinderbetreuung vieles geändert. Wenn es aber um die Karenz geht, so gilt in weiten Teilen Europas und ganz besonders in Österreich nach wie vor: Die Mama bleibt beim Nachwuchs, der Papa geht Geld verdienen. Leider sind wir weit von einer Normalität entfernt, in der der Papa ganz selbstverständlich eine Babyzeit nimmt und die Mama die Brötchen verdient. Das hat auch etwas mit dem Gender Pay Gap zu tun, also der unhaltbaren Tatsache, dass Frauen sogar in gleichen Berufen deutlich weniger verdienen als ihre männlichen Kollegen. Dieser Umstand trägt mit dazu bei, dass es bei der Frage, wer in Karenz geht, zumeist Frauen trifft, da man als Familie leichter auf das geringere Gehalt verzichtet. Gleiche Bezahlung für gleiche Arbeit ist deshalb auch für uns Männer eine Angelegenheit, von der wir nur profitieren können.

Abgesehen von finanziellen Argumenten, gibt es noch sehr viele weitere, die Männer davon abhalten, mehrere Monate die Kleinkindbetreuung zu übernehmen. Bevor wir uns also den bürokratischen Voraussetzungen für die Karenz widmen, sollten wir über Argumente, die gegen die Väterkarenz ins Feld geführt werden, sprechen.[12] Dies kann dir bei deiner Entscheidung helfen und dir Mut und Kraft für die Situationen geben, die vielleicht auf dich zukommen könnten.

Die Väterkarenz kommt nicht in Frage, weil ...

... der Mann eine Führungskraft ist. Gerade als Chef sollte man delegieren können, dafür hat man ja Mitarbeiter. Abgesehen davon, hat man als Chef hoffentlich „Notfallpläne", denn auch Leitungspersonen können aus unterschiedlichsten Gründen länger ausfallen (Weiterbildung, Krankheit etc.) und darauf sollte ein gutes Unternehmen vorbereitet sein.

... die Firma zu klein ist. Freilich, in einem Drei-Mann-Betrieb ist es schwierig, wenn jemand monatelang ausfällt. Aber was wäre, wenn der Mann einen Unfall hätte oder krank wäre? Oder der Mann eine Frau wäre? Dann ginge es doch auch.

... es zu schwierig ist, für die Abwesenheit einen Ersatz zu finden. Klar, geht ein Mann nur zwei Monate in Karenz, zahlt

12 Die folgenden Zeilen beziehen sich inhaltlich auf den Artikel: www.diepresse.com/5575534/was-dein-mann-darf-in-karenz-gehen

es sich kaum aus, jemanden auf dessen Posten einzuschulen. Die Lösung wäre: Er bleibt länger bei den Kindern, wenn sich die Familie das leisten kann (siehe nächster Punkt).

... es sich finanziell nicht ausgeht. In vielen Familien verdienen die Frauen weniger, daher schmerzt es mehr, wenn das Gehalt des Mannes ausfällt. Das Gehalt wird zwar durch das Karenzgeld „ersetzt", dieses ist aber meistens niedriger als das ursprüngliche Einkommen. Die Politik könnte freilich gegensteuern und finanzielle Anreize setzen. Hätte sie Interesse daran, dass auch Männer sich um die Kinder sorgen.

... weil der Mann sonst seinen Job verliert. Erschreckend ist, wie vielen Männern unverhohlen mit Kündigung gedroht wird, wenn sie eine Karenzzeit andenken. Nach dem Motto: „Wenn du jetzt gehst, brauchst du gar nicht mehr zurückkommen." Auch das wäre eine Aufgabe für die Politik: Belohnt die Väter, die daheim bleiben (finanziell), schützt Männer (vor Kündigung). Der Väterkarenz liegt kein Gnadenakt zugrunde, auf Väterkarenz hast du einen Rechtsanspruch.

... weil er ein Mann ist. Hört man als Mann leider immer wieder: „Dafür haben's ja eh eine Frau." Was soll man darauf antworten? „Sehen Sie die Zeitmaschine dort hinten? Die bringt Sie in die Fünfziger zurück, wo Sie und Ihre Ansichten sicher gut aufgehoben sind."

Nun aber zu den konkreten Dingen, die bei bzw. vor der Elternkarenz zu beachten sind. Diese beginnt nach Ende der Mutterschutzfrist (in der Regel Acht-Wochen-Frist nach der Geburt). Die Karenz kann maximal zweimal zwischen den Eltern geteilt werden. Ein Karenzteil muss mindestens zwei Monate dauern. Achte darauf, die gewählte Karenzdauer deinem Arbeitgeber schriftlich bekannt zu geben, dafür gelten Meldefristen. Allerdings musst du nicht bereits zum Zeitpunkt des Karenzantritts deiner Partnerin genau wissen, wann du wie lange in Karenz gehst. Die arbeitsrechtlich durch Kündigungs- und

Entlassungsschutz abgesicherte Karenz dauert maximal bis zum Tag vor dem zweiten Geburtstag des Kindes. Wer darüber hinausgehen möchte, benötigt eine schriftliche Vereinbarung mit dem Arbeitgeber. Während der Elternkarenz erhältst du kein Gehalt, dafür gibt es aber das Kinderbetreuungsgeld. Seit August 2019 gilt in Österreich auch, dass die Karenzzeit künftig voll bei Gehaltsvorrückungen, Urlaubsanspruch und Kündigungsfrist berücksichtigt werden muss.

- Wusstest du, dass in Europa Island seit langem Spitzenreiter in Sachen Gleichstellung von Männern und Frauen ist? Dort nehmen sich 97 % der Männer eine Elternzeit bzw. Karenz, in Österreich sind es lächerliche 5 %. In Island hat sich die Politik auch dafür eingesetzt, dass die Lohnunterschiede zwischen Männern und Frauen in vergleichbaren Berufen nicht mehr groß unterscheiden, dafür gibt es sogar ein eigenes Gesetz, das ungerechtfertigte Unterschiede verbietet. Dies macht es leichter, sich für die Karenz zu entscheiden – und wir Männer profitieren damit ganz praktisch und konkret von der Gleichstellung.

Welches Kinderbetreuungsgeldmodell?

Wer nach der Geburt beim Baby zu Hause bleibt, hat die Möglichkeit, Kinderbetreuungsgeld zu beziehen. Lange gab es in Österreich die Möglichkeit, aus fünf Kinderbetreuungsgeldmodellen zu wählen. Mit März 2017 wurden daraus zwei Optionen:

Das Kinderbetreuungsgeld-Konto (KBG-Konto)

Das KBG kann bis zu sechs Monate rückwirkend beim Krankenversicherungsträger, von dem auch das Wochengeld bezogen wurde, beantragt werden. Egal, welches Modell du und deine Partnerin wählen, als Voraussetzung gilt der Bezug der Familienbeihilfe. Du musst mit dem Kind im gemeinsamen Haushalt wohnen und denselben Hauptwohnsitz haben. Der Lebensmittelpunkt von Kind und Kinderbetreuungsgeldbezieher muss in Österreich liegen. Die dafür erforderlichen Mutter-Kind-Pass-Untersuchungen müssen vollständig und rechtzeitig durchgeführt werden und als Nachweis bei der Krankenkasse vorliegen. Außerdem solltest du keine Zuverdienstgrenze überschreiten. Wenn ihr euch als Eltern den Bezug des KBG 50:50, maximal aber 60:40 aufteilt, dann könnt ihr je 500-Euro-Partnerschaftsbonus vom Versicherungsträger erhalten. Zwar ist es auch möglich, dass ein Elternteil allein das KBG bezieht, aber ihr bekommt mehr Geld und eine längere Bezugszeit, wenn beide Elternteile KBG beziehen und du zumindest zwei Monate zu Hause beim Kind bist. Das KBG entspricht einem Gesamtbetrag, welcher in Raten ausbezahlt wird. Wie lange ihr dieses Geld beziehen wollt, entscheidet ihr selbst. Von der Bezugsdauer hängt dann auch die Höhe des monatlichen Betrages ab. Bei der kürzesten Variante von 356 Tagen erhaltet ihr 33,88 Euro pro Tag oder 1014 Euro pro Monat, bei der längsten beläuft sich der Tagesbetrag auf 14,53 Euro oder 436 Euro pro Monat.

Das einkommensabhängige Kinderbetreuungsgeld (ea KBG)

Das zweite Modell (ea KBG) ist eher für Leute interessant, bei dem beide Partner relativ gut verdienen und die sich vorstellen können, nach 12 + 2 Monaten (wenn sich die Eltern das KBG teilen) wieder arbeiten zu gehen. Die Summe des Tagessatzes für die Mutter beträgt dabei 80 % ihres Wochengeldes. Bei dir als Vater ergibt sich der Tagessatz aus dem fiktiven Wochengeld und richtet sich somit auch nach deinem Einkommen. Der maximale Tagessatz beträgt aber 66 Euro. Im Vergleich dazu gilt beim KBG-Konto: Je länger die Bezugsdauer, umso geringer der Tagesbetrag (14,53 Euro pro Tag für maximal drei Jahre).

Die Bezugsdauer des KBG kann um maximal 91 Tage verlängert werden, wenn es für einen der Elternteile zu einem sogenannten „Härtefall" kommt. Als Härtefälle gelten: Tod, Aufenthalt in einer Heil- und Pflegeanstalt, Verbüßung einer Freiheitsstrafe oder gerichtlich/behördlich festgestellte häusliche Gewalt.

Familienbeihilfe und Kinderabsetzbetrag

Beide Leistungen benötigen keinen Antrag. Bei euch wird automatisch ein Informationsschreiben eintreffen. Die Zahlung wird, sobald das Kind eine Meldeadresse hat und dem Finanzamt eine Kontonummer mitgeteilt wurde, überwiesen. Grundsätzlich steht die Familienbeihilfe der Mutter zu, da davon ausgegangen wird, dass diese den Haushalt überwiegend führt. Unter gewissen Voraussetzungen wird sogar eine erhöhte Familienbeihilfe ausgezahlt.

Die reguläre Familienbeihilfe beträgt seit Jänner 2018 pro Kind und Monat:

Alter des Kindes	Betrag pro Monat
ab Geburt	114,00 Euro
ab 3 Jahren	121,90 Euro
ab 10 Jahren	141,50 Euro
ab 19 Jahren	165,10 Euro

Stand: Jänner 2020
Quelle: www.oesterreich.gv.at/themen/familie_und_partnerschaft/geburt/3/2/2/Seite.080714.html

Familienzeitbonus und Familienzeit

Als weitere mögliche Leistungen sind Familienzeitbonus und Familienzeit sowie die Elternteilzeit zu nennen. Die Arbeiterkammer beschreibt den Familienzeitbonus als eine Geldleistung für dich als Vater bzw. den zweiten Elternteil, der sich zeitnah nach der Geburt eine berufliche Auszeit für die Familie nehmen möchte (Familienzeit). Auch gleichgeschlechtliche Eltern haben einen Anspruch auf diesen Familienzeitbonus. Dieser beträgt ca. 700 Euro im Monat (22,60 Euro pro Tag) und du bist kranken- und pensionsversichert. Für den Bezug müssen aber einige Voraussetzungen erfüllt sein. Auf Familienzeit gibt es keinen Rechtsanspruch, weshalb du mit deinem Arbeitgeber eine individuelle Vereinbarung über die Familienzeit treffen musst.

Die Elternteilzeit ist der Versuch, Vätern und Müttern die Vereinbarung von Familien und Beruf etwas zu erleichtern. Sie beträgt mindestens zwei Monate und steht nur Personen offen, die in einem Betrieb mit mehr als 20 Beschäftigten arbeiten, die mindestens drei Jahre beschäftigt sind, die mit dem Kind im gemeinsamen Haushalt leben oder die Obsorge für das Kind haben und bei denen sich der zweite Elternteil nicht gleichzeitig in Karenz befindet.

Nimm dir das „Papamonat"

Du hast bestimmt auch schon mal vom sogenannten „Papamonat" gehört. Der Papamonat soll die gemeinsame Betreuung in den ersten Lebenswochen des Neugeborenen fördern. Seit Dezember 2019 gilt in Österreich ein Rechtsanspruch darauf, das bedeutet, das Papamonat steht dir zu, wenn du dieses in Anspruch nehmen möchtest. Voraussetzungen dafür sind, dass du spätestens drei Monate vor dem errechneten Geburtstermin bei deinem Arbeitgeber bekannt gibst, dass du dein Papamonat in Anspruch nehmen möchtest (Musterbriefe findest du auf der Website des Arbeiterkammer). Gib auch gleich den voraussichtlichen Beginn des Papamonats bekannt und dass du im selben Haushalt mit dem Kind lebst.

Nach der Geburt musst du deinen Arbeitgeber unverzüglich informieren und spätestens eine Woche nach der Geburt muss der genaue Antrittszeitpunkt sowie das Ende des Papamonats beim Arbeitgeber bekannt gegeben werden. Während des Papamonats erhältst du keine Gehaltsfortzahlung, dafür aber unter bestimmten Voraussetzungen den oben beschriebenen Familienzeitbonus von 700 €. Wenn du später Kinderbetreuungsgeld beziehst, wird dieser Betrag vom Kinderbetreuungsgeld leider wieder abgezogen. Der Papamonat ist somit eine Dienstfreistellung.

Weitere Infos dazu findet du auf der Seite oesterreich.gv.at und bei der Arbeiterkammer.

2019 wurde auch der sogenannte Familienbonus eingeführt. Jeder Familie stehen pro Kind bis zu 1500 Euro Gutschrift auf die Einkommenssteuer zu. Dementsprechend bekommt ihr den vollen Familienbonus nur, wenn ihr entsprechend Einkommensteuer zahlt. Übersetzt bedeutet das, wenn du weniger als ca. 1700 Euro brutto verdienst, bekommst du diesen Bonus nicht in voller Höhe. Wenn du überhaupt weniger als 1.100 Euro brutto verdienst, ergibt sich für dich vom Familienbonus gar keine Steuerersparnis. Alleinverdiener oder Alleinerzieher, die wenig verdienen und daher keine oder sehr wenig Einkommensteuer bezahlen, können 250 Euro als Negativsteuer erhalten. Alle anderen gehen leer aus. Für mehr Info gibt von der Arbeiterkammer den Infofolder „Steuertipps für Eltern“.

Zum Kinderbetreuungsgeld und allen anderen Leistungen gibt es Online-Rechner, die dabei helfen, einen Überblick in die finanziellen Angelegenheiten zu bringen.

Eine gewisse finanzielle Eigenständigkeit in der Beziehung war meiner Partnerin und auch mir wichtig. Keiner sollte finanziell, wenn nicht anders möglich, ganz vom anderen abhängig sein. Wir haben uns deshalb für die Familienleistungen ein Gemeinschaftskonto eingerichtet, mit dem wir die Familienausgaben bestreiten. Jeden Monat überweisen wir beide einen vereinbarten und variablen Betrag von unseren individuellen Konten auf das Familienkonto. Auch die staatlichen Unterstützungsleistungen (abgesehen vom Kinderbetreuungsgeld) landen direkt darauf. Das ermöglicht Planbarkeit und Übersichtlichkeit in unseren finanziellen Familienangelegenheiten.

Was muss, soll, kann alles fürs Baby besorgt werden!?

Hier fasse ich mich etwas kürzer, denn es gibt etliche Möglichkeiten, euch diesbezüglich vorzubereiten. Du findest online eine Menge Checklisten, die du als Vorlagen verwenden kannst, es gibt eigene Blogs zur Thematik und in jedem Mamabuch findet ihr zusätzlich Listen mit dem, was euer Baby in den ersten Wochen und Monaten benötigen wird. Darüber hinaus habt ihr Eltern, Verwandte und Freunde, die euch in dieser Hinsicht auch helfen können.

Mein Tipp: Schau mal auf schwanger.at/checklisten vorbei und überrasche deine Partnerin dann mit deinem Wissen.

Einige grundsätzliche Erfahrungen möchte ich dir dennoch nicht vorenthalten. Anna und ich haben uns eine Exceldatei erstellt und alles eingetragen, was wir für das Baby (und uns) benötigen bzw. was wir schon in welcher Menge haben. Diese ist dann auch mit anderen Listen leicht abgleichbar und spart Zeit.

Es gibt Dinge, die benötigt ihr lange, unabhängig vom Wachstum des Babys. Dazu zählen ein Babyfon (gibt es auch mit Kamera, wer das braucht), Kinderwagen, Wickeltasche oder Babysitz fürs Auto. Dann gibt es Dinge, die relativ schnell erneuert werden müssen, weil euer kleiner Schatz rasch größer wird und neue Kleidung benötigen wird, also Strampler, Shirts, Hosen, Socken, Strumpfhosen, Schuhe und ähnliches mehr. Gerade bei diesen Dingen stellt sich die Frage, ob man alles neu kaufen möchte.

Hier lohnt es sich, rechtzeitig Second-Hand-Plattformen abzuchecken. Du kennst die üblichen Verdächtigen wie *willhaben* oder *shpock*. Aber auch auf Facebook gibt es etliche Gruppen, in denen Babyutensilien geteilt, weitergegeben und verschenkt werden. Darüber hinaus findet in jeder Stadt mindestens einmal im Jahr ein Baby- und Kinderflohmarkt statt und viele Eltern-Kind-Zentren bieten zusätzliche Tauschbörsen und Flohmärkte an. Auch manche Hebammen vermitteln gebrauchte Babysachen oder verkaufen Wickeltücher und Ähnliches. Einfach mal nachfragen, denn gerade bei diesen Sachen könnt ihr euch viel Geld – vielleicht für den ersten gemeinsamen Urlaub als Familie – sparen.

Eine gute Quelle sind natürlich auch Freunde und Angehörige. Viele von euch haben Personen im Umfeld, die bereits Nachwuchs haben. Viele sind froh, wenn sie ihre nicht mehr benötigten Babysachen weitergeben können. Das eine oder andere Stück befindet sich vielleicht schon seit Generationen in der Familie und hat mehr sentimentalen als praktischen Wert.

Die Stadt Wien bietet jeder Mutter oder dir als Vater einen wirklich tollen gratis Wickelrucksack an. Dieser kann in den Mutterkind-Zentren der MA11 abgeholt werden.

Abgesehen von der Kleidung und Windeln werden euch einige Dinge nützlich sein:

- Wickelkommode oder Wickeltisch. Tische, die so heißen, werden teuer verkauft. Es spricht nichts dagegen, einen normalen Tisch einfach umzufunktionieren. Wir haben einen stabilen Tisch im Kinderzimmer in die Ecke gestellt, ein Expedit-Regal daneben und fertig war der Wickeltisch. Manchmal reicht eine leichte Adaptierung und natürlich eine Wickelauflage (das Baby sollte selbstverständlich nicht hinunterfallen können).

- Ihr legt Wert darauf, Platz für euch im Bett zu haben? Ein Beistellbettchen kann Abhilfe schaffen. Dieses kann man direkt an das Bett anschließen. Baby und Eltern liegen auf derselben Höhe, nah beieinander und haben doch Platz für sich. Wenn man das Kleine ins Bett der Eltern holen will, kann man es sofort reinheben oder herrollen. Wenn ihr Platz für euch braucht, zum Kuscheln oder für Intimität (siehe Kapitel „Zeit für Mama und Papa als Paar") müsst ihr nicht erst umständlich das Baby ins eigene Bett bringen.
- Alternativ oder ergänzend könnt ihr ein Gitterbett nutzen. Die meisten sind höhenverstellbar und dem Alter des Kleinkindes anpassbar. Im Gegensatz zum Beistellbettchen müsst ihr hier aber wohl aus eurem Bett aufstehen, wenn ihr zum Baby gelangen wollt.
- Ein Windelmülleimer. Ich finde die verschließbaren und mit den Füßen bedienbaren großartig. So könnt ihr die Windel verschwinden lassen, auch wenn ihr keine Hand frei habt, und deine Nase wird es dir danken.
- Ein Laufstall, eine Wiege oder eine Babywippe, je nach Bedarf und individuellen Vorstellungen. Das Baby ist ja nicht immer im Beistellbett oder wird getragen. Es ist gut, einen dritten sicheren Platz dafür zu haben.
- Textilien tragen zu einer gemütlichen Atmosphäre bei, blickdichte Vorhänge oder Innenfenster-Rollos helfen dabei, das Kinderzimmer abzudunkeln (z.B. im Sommer oder für den Mittagsschlaf, um etwas Schlafrhythmus zu üben). Rot scheint dabei für Babys eine sehr beruhigende Farbe zu sein, da sie sich in den frühen Monaten noch an ihr altes Zuhause in Mamas Bauch erinnern können.

Eine Sache hätte ich vor der Geburt beinahe vergessen. Man benötigt natürlich einen entsprechenden Schalensitz für das

Baby, wenn man es im Auto von der Klinik nach Hause transportieren möchte. ÖAMTC und ARBÖ beraten euch bei der Auswahl gerne und bieten sogar ein Mietservice für Kindersitze an. Manche Kinderwägen wiederum lassen sich auch zum Autositz für Babys umfunktionieren. Auch hier können euch Fachleute beraten (siehe auch Anhang).

Wenn du deine Partnerin mit deinem bzw. eurem privaten Auto in die Klinik bringst, kann es sich lohnen, eine Inkontinenz-Einwegunterlage im Fahrzeug bereit zu haben, falls die Blase bei der Autofahrt springt. Diese kannst du überall dort kaufen, wo es auch Windeln gibt.

Rückwärts gerichtete Kindersitze dürfen NICHT auf dem Beifahrersitz verwendet werden, wenn dort ein aktiver Front-Airbag vorhanden ist. Kann der Airbag nicht abgeschaltet werden, muss der Kindersitz auf der Rückbank, ebenfalls gegen die Fahrtrichtung, montiert werden.

Männergespräche

Ich erwähne es hier in vielen Kapiteln nebenbei, trotzdem erscheint es mir wichtig, in einem eigenen Absatz darüber zu schreiben. Egal, was vor, während oder nach der Schwangerschaft bei dir und deiner Partnerin so los ist, ob es stressig zugeht, manche Zeiten mit Ängsten und Unsicherheiten verbunden sind oder du einfach nur in freudiger Erwartung und aufgeregt bist: sprich darüber. Geteilte Aufregung, geteilte Ängste und Befürchtungen oder unrealistische Erwartungen verlieren durch das Aussprechen schnell ihren Schrecken und können so neu verortet und ins richtige Licht gerückt werden. Über Sorgen zu sprechen ist auch der erste Schritt auf dem Weg einer Lösungsfindung. Speziell in größeren Städten gibt es schon vermehrt Angebote, die auf Väter zugeschnitten sind (siehe Anhang). Zu erwähnen ist hier natürlich die Väterberatung im Hebammenzentrum Wien. Für jedes Thema rund um die Schwangerschaft, das dich beschäftigt, findest du dort ein offenes Ohr, Rat und Unterstützung. Denn auch einem (werdenden) Papa kann alles einmal zu viel werden. Dann ist es gut, wenn jemand dir beisteht. Darüber zu sprechen und sich auszutauschen, war für viele unserer Väter und Großväter ein Zeichen von Schwäche. Das Gegenteil aber ist der Fall! Wer es nie schafft, über die eigenen Belange und das, was einen beschäftigt, vielleicht quält und nachts schlaflos im Bett liegen lässt, zu sprechen, ist offensichtlich nicht Manns genug, sich mit diesen Themen auseinanderzusetzen und sich Hilfe oder Rat zu holen. Klar, dass muss nicht immer ein Väter- oder Männerberater sein. Manchmal reicht das Gespräch mit einem Freund oder Kumpel, einem Bruder oder anderen Verwandten völlig aus. Aber in außergewöhnlichen Situationen ist es natürlich auch angebracht und angemessen, professionelle Unterstützung zu konsultieren. Auch das Gespräch bei einem Therapeuten zählt dazu. Heute haben wir Männer die Möglichkeit, solche Angebote zu nutzen. Wir wären blöd, dies nicht zu tun. Immerhin geht es auch um unsere Gesundheit, unsere Psychohygiene, unser Seelenheil und unser Wohlbefinden.

- Hast du dich mal gefragt, wie das bei deiner Geburt war? War dein Vater mit dabei? Oder wie war das bei Freunden? Jetzt ist der richtige Moment, um einmal nachzufragen und darüber zu sprechen. Nutze die Erfahrungen anderer Männer, um es anders, besser oder eben gleich zu machen. Lass dich inspirieren.

Das dritte Trimester

Langsam, aber sicher befindet ihr euch auf der Zielgeraden! War der Bauch bisher vielleicht eher eine kleine Kugel, ändert sich dies im dritten Trimester rasant. Das bedeutet auch, dass sich die näherkommende Ankunft eures Nachwuchses nun täglich in euer beider Wahrnehmungsfeld drängt. Der Bauch ist nun wirklich schwer zu verstecken. Vor diesem Hintergrund ist es völlig normal, dass ihr spätestens jetzt in den großen Organisationsmodus umsteigt. Es werden schnell noch Vorbereitungen für den Klinikaufenthalt oder für die Hausgeburt getroffen. Ihr werdet wahrscheinlich einen Kinderwagen auftreiben, manche verspüren vielleicht den Drang, sich ein neues Auto zuzulegen oder das bisherige „babyfit" zu machen. Ihr werdet für die Geburt und die Zeit davor einige für euch bisher sehr untypische Dinge wie Betteinlagen, Riesenbinden und vielleicht auch Erwachsenenwindeln kaufen.

Bei uns war das dritte Trimester darüber hinaus auch stark durch den Umzug und Umbau geprägt. Alles andere wurde nachgereiht. Eine Woche vor Geburtstermin hatten wir noch kein Schlafzimmer und keine Küche, der Boden wurde gerade verlegt und ich habe mich vor und nach der Lohnarbeit im Jugendzentrum als Baustellengehilfe betätigt. Egal, was da kommt, lasst euch nicht als Team auseinanderbringen. Im dritten Trimester wird es auch für dich stressiger, alles wird konkreter, als es die Monate davor war, als die Geburt noch schwer greifbar war. Es klingt banal, aber schlaft euch jetzt, wenn möglich, noch gemeinsam aus. Kuschelt, döst, chillt, erholt euch, verbringt Zeit zu zweit. Denn auch wenn euer Nachwuchs unkompliziert sein sollte, mit dem ruhig Ausschlafen wird es bald vorbei sein.

- Das einzige Organ deines Babys, welches noch nicht komplett ausgebildet ist, ist die Lunge. Manchmal hat das Kleine im Bauch Schluckauf, was man sogar durch die Bauchdecke sehen und spüren kann. Das ist ein gutes Zeichen. Es übt schon die Lungenfunktion. Die Knochen wachsen und werden nun härter, es wiegt zu Beginn des dritten Trimesters mehr als 1,5 kg und ist schon um die 35 cm groß. Am Ende wird es um die 50 cm groß sein. Ab nun legt es ordentlich an Gewicht zu. In den letzten drei Monaten kann sich das Gewicht noch mehr als verdoppeln!

Im Körper deiner Partnerin

Unglaublich, wie schnell das ging. Gerade habt ihr erfahren, dass ihr Nachwuchs erwartet, und schon seid ihr in den letzten drei Monaten vor der Geburt. So kommt dir das vielleicht vor. Aus den sanften Tritten werden nun vermehrt auch schmerzhafte Stöße gegen Rippen, Magen, Nieren. Vielleicht wird euer Kind ja ein begabter Fußballspieler? Noch ist aber etwas Zeit bis zur Geburt, außer ihr erwartet Zwillinge. Die kommen sicher vor der 40. Woche zur Welt, da der Platz im Bauch schnell zu eng wird. Wenn mehr als ein Baby im Anflug ist, dann habt ihr dies aber definitiv schon von eurer Hebamme und/oder dem Gynäkologen erfahren. So oder so, deine Partnerin hat jetzt noch einiges auszuhalten. Dadurch, dass das Baby nun ordentlich an Gewicht zulegt, ist die Wahrscheinlichkeit sehr groß, dass es auf Magen und auch Lungen drückt. Permanente Magenschmerzen oder Sodbrennen und Kurzatmigkeit können die Folge sein. Oder es kommt noch schlimmer und das Baby liegt in einer unglücklichen Position, sodass es auf Ischiasnerv oder Bandscheiben drückt. Dies sind dann wirklich enorme Schmerzen, die bis hin zur Bewegungsunfähigkeit führen können. Es gibt aber noch etliche weitere Möglichkeiten für Schmerzquellen während den letzten Schwangerschaftsmonaten. Schwangerschaftshormone waren ja bereits Thema. Eines ist das sogenannte Relaxin. Dieses hat viele wichtige Funktionen. Unter anderem trägt es dazu bei, dass der Gebärmutterhals, Scheidenschlauch und die Bänder im Beckenbereich weich werden, um eine leichtere Geburt zu ermöglichen. Wenn aber alles zu locker wird, kann das für die Schwangere sehr schmerzhaft werden. Anna hatte darunter einige Wochen sehr zu leiden.

Hast du eigentlich schon mal vom linken und rechten Iliosakralgelenk gehört? Ich bis zu den letzten Schwangerschaftsmonaten jedenfalls nicht. Aber auch mit diesem Gelenk kann es im Laufe einer Schwangerschaft und gerade gegen Ende hin in Verbindung mit dem Hormon Relaxin zu Problemen und damit zu Schmerzen kommen. In all diesen Fällen können Übungen und Massagen helfen. Ein Besuch beim Physiotherapeuten ist da besonders lohnend. Je nach Versicherungsträger bekommt man unterschiedliche Leistungen, unterschiedlich rasch. In den allermeisten Fällen müsst ihr die Physiotherapie selbst bezahlen und ihr bekommt je nach Versicherungsträger unterschiedlich viel Geld zurückerstattet. Nicht jede Frau bzw. nicht jedes Paar kann sich eine kostspielige Therapie leisten. Wenn die Schmerzen nicht von allein aufhören, kann dies dazu führen, dass die werdende Mutter durch die Schmerzen Wochen oder sogar noch länger im Bett liegen bleiben muss. In einem solchen Fall empfehle ich unbedingt, mit eurer Hebamme über die Situation und Behandlungsmöglichkeiten (manchmal ist Akupunktur eine Möglichkeit) zu sprechen, denn ein solcher Zustand ist auf lange Zeit nicht nur körperlich schwer zu ertragen, er belastet auch die Psyche enorm.

Schlaflosigkeiten und andere Unannehmlichkeiten

Ob mit Schmerzen oder ohne, im letzten Schwangerschaftsdrittel ist das Baby so präsent, dass es für deine Partnerin sehr schwer sein kann, regelmäßig und durchgehend Schlaf zu finden. Denn wenn das Baby im Bauch zum Beispiel regelmäßig um drei Uhr in der Früh wach und aktiv ist, so wie unseres, dann wird auch deine Partnerin nicht mehr weiterschlafen können. Möglicherweise liegt es auch auf der Blase, sodass die Schwangere nachts oft die Toilette aufsuchen muss. Das kann auf Dauer zermürbend und sehr anstrengend sein. Anna hat deshalb oftmals untertags stundenlang geschlafen, um sich von der Nacht zu erholen. Wie du merkst, ist deine Partnerin dadurch sehr mit ihrem Körper und dem wachsenden Leben darin beschäftigt. Dazu geistern viele Gedanken in ihrem Kopf herum. Das kann verständlicherweise eine gewisse Vergesslichkeit, Zerstreutheit und Tapsigkeit mit sich bringen. Manche nennen diese Kombination salopp „Schwangerschaftsdemenz". Für deine Partnerin und ihren Körper ist das alles super ungewohnt, nicht zuletzt, da der ganze Körper behäbiger wird und schwieriger zu manövrieren ist. Ein ungewohnt großer Bauch räumt im Vorbeigehen schon einmal alle möglichen Gegenstände von einem Regal oder Tisch ab.

Ach ja, habe ich erwähnt, dass durch den immer eklatanter werdenden Platzmangel in Mamas Bauch auch so Unannehmlichkeiten wie Hämorrhoiden (die Krampfadern des Hinterns) entstehen können? Ja genau, auch den Darm kann es etwas herausdrücken. Die Gründe dafür sind vielfältig. Zum Beispiel, wenn die Verdauung nicht gut funktioniert oder die Beckenstellung nicht passt. Auch Verstopfung kann die Folge sein. Dagegen helfen Zäpfchen und einige andere Mittel aus der Apotheke. Wenn deine Partnerin davon betroffen ist, dann am besten mit eurer Hebamme oder dem Gynäkologen sprechen.

Nach der Geburt, wenn wieder genug Platz vorhanden ist, erledigt sich dieses Problem aber in der Regel von allein. Trotzdem, du kannst dir vorstellen, dass all das für deine Freundin unglaublich herausfordernd wird. Weil all das noch nicht genug ist, können Krampfadern in den Beinen oder Wassereinlagerungen entstehen. Beine hochlagern und Massagen verschaffen dann Linderung–da kannst du dich sehr nützlich machen.

In den letzten Monaten sollte die werdende Mutter keine schweren Dinge mehr tragen, eh klar. Ebenso gilt, es Stress und große Anstrengungen zu vermeiden. Zwar habe ich mit meiner Oma und einigen ihrer Freundinnen geredet, die meinten, damals in den 1950er und 1960er Jahren waren sie am Tag der Geburt noch bei der alltäglichen schweren Arbeit am Bauernhof, wie zum Beispiel Heumachen, Futterausteilen, Schlachten etc. beschäftigt. Allerdings würde man so etwas heute nicht mehr durchgehen lassen. Schwere Arbeiten sind für die werdende Mutter tabu. Sei deshalb rücksichtsvoll und hilfsbereit. Wenn ihr eine Hebamme zur Wehenbegleitung habt, dann nutzt diese Gelegenheit auch und ruft sie an, wenn es Blutungen o. Ä. gibt. Im Zweifelsfall fahrt ihr umgehend in eure Klinik. Lieber einmal zu oft abklären lassen, was los ist, als dann im Ernstfall zu spät dran sein.

Einen solchen Fall gab es bei uns. Anna hatte einen knappen Monat vor dem Geburtstermin unerwartet eine leichte Blutung bemerkt, aber keine Schmerzen. Wir haben mit der Hebamme telefoniert und uns dann umgehend auf den Weg in die nächste Klinik begeben. Dort wurde meine Freundin lange untersucht und es stellte sich heraus, dass sie sich eine Blasenentzündung bzw. eine Harnwegsinfektion zugezogen hatte. Dies passiert vielen schwangeren Frauen, da sich der Körper hormonell umstellt und es Bakterien deshalb einfacher haben, bis in die Blase aufzusteigen. Bei einer solchen Entzündung kann die Einnahme von Antibiotika auch in der Schwangerschaft unumgänglich werden, denn es besteht nicht nur das Risiko einer Nierenbeckenentzündung bei der Mutter, die Infektion kann sich höchst negativ auf die Schwangerschaft und das ungeborene Baby auswirken, schlimmstenfalls bis hin zur Frühgeburt.

Im Falle einer Blasenentzündung gilt es, sich zu schonen, den Beckenbereich warmzuhalten, abzuwarten und viel (Tee) zu trinken. Bei Anna war bis zur Geburt wieder alles gut.

Ab der 35. Woche können Übungswehen, Senkwehen oder vorzeitige Wehen einsetzen. Ab sofort ist alles möglich. Bei den Übungswehen zieht sich die Gebärmutter rhythmisch zusammen und bereitet sich dadurch auf die Geburt vor. Bei den Senkwehen rutscht der Kopf des ungeborenen Kindes in das Becken. Dass Senkwehen eingetreten sind, kannst du auch von außen erkennen. Der Schwangerschaftsbauch hat sich dann etwas nach unten gesenkt. Bis das Baby aber wirklich kommt, kann es noch immer etwas dauern. Oder es geht ganz schnell. Das ist individuell verschieden und es ist schwer, allgemeingültige Aussagen zu treffen.

Die Gründe für vorzeitige Wehentätigkeit und Frühgeburt können vielseitig sein. Neben Infektionen oder mütterlichem Bluthochdruck können starke psychische und physische Belastungen oder chronischer Stress eine Frühgeburt fördern. Trage dazu bei, deiner Partnerin all das zu ersparen. Jetzt geht es um sie, um das Baby, um euch. Alles andere ist weniger wichtig und kann warten. Auch Menschen können enormen Stress verursachen. Sollte es solche in eurem Umfeld geben, dann meidet diese, wenn irgendwie möglich.

Natürlich besteht auch die Möglichkeit, dass deiner Partnerin all diese Schmerzen erspart bleiben und das letzte Schwangerschaftsdrittel ruhig verläuft. Dies wünsche ich dir von ganzem Herzen!

Männer und die Geburt

Hat dich eigentlich einmal jemand gefragt, wie es dir damit geht, dass du Vater wirst? Mit welchen Gefühlen du auf die Geburt blickst, welche Gedanken dir durch den Kopf gehen? Was, wenn nicht alles glatt läuft? Was, wenn mit dem Baby wider Erwarten etwas nicht stimmt, weil es Komplikationen bei der Geburt gibt? Oder was, wenn deiner Partnerin etwas zustößt? Es liegt ja nur bedingt in der eigenen Hand, einen positiven Einfluss auf den Geburtsprozess zu nehmen. Vor diesem Hintergrund muss man auch Verständnis dafür haben, dass manche Männer mit der Vorstellung, zusehen zu müssen, wie die Partnerin leidet, ohne dass man selbst Linderung verschaffen könnte, erst einmal überfordert sind. Im Grunde ist man prominenter Zaungast, und dennoch hat sich in den letzten Jahrzehnten auf diesem Feld sehr viel getan. Wenn du Ephraim Kishons Text *Ein Vater wird geboren* noch nicht gelesen oder angehört hast, dann ist jetzt definitiv der richtige Zeitpunkt dafür. Du wirst merken, noch vor wenigen Jahrzehnten war der Vater im Kreißsaal ein seltener, ja eigentlich sogar unerwünschter Gast.

- Der Begriff Kreißsaal leitet sich vom mittelhochdeutschen „kreissen" ab, was so viel bedeutet wie schreien, stöhnen, kreischen, also eigentlich „Kreischsaal". Das ist leider alles andere als beruhigend und ermutigend. Die englische Sprache ist da einfühlsamer, man spricht vom *delivery room*.

Kneifen gilt nicht – als Mann im Kreißsaal

Früher waren in der Regel Ärzte, Hebammen, „Schwestern" und die Mutter mit der Geburt beschäftigt. Der Vater musste im Vorraum warten oder wurde zur Arbeit geschickt. Im

Vorraum stiefelten die Väter in spe dann nervös auf und ab, denn sie wussten ja nicht, was im Kreißsaal vor sich geht und hatten entsprechendes Kopfkino laufen. Sie vernichteten eine Zigarette nach der anderen, der unfeine Geschmack wurde mit einem Schnäpschen heruntergespült, bis irgendwann endlich die erlösende Nachricht von der erfolgreichen Geburt übermittelt wurde. Im Anschluss wurde das Neugeborene der Mutter abgenommen, gebadet und in einem großen Saal mit vielen anderen Kindern geparkt. Durch eine große Scheibe konnten der Vater und die restliche Familie dann erraten, welches Baby zu ihrer Familie gehört. In der US-Serie *Friends* wird dieser Saal noch ganz selbstverständlich als Kulisse verwendet. Die Folge wurde 2002 ausgestrahlt.

Und tatsächlich war die Geburt, betrachtet man die globale Menschheitsgeschichte und unterschiedliche Kulturen, größtenteils ein Vorgang, bei dem Männer nichts verloren hatten. Gegenwärtig gibt es ganz andere Entwicklungen. Heute wird, gerade in westlichen Ländern, erwartet, dass der Mann bei der Geburt dabei ist, und das macht auch Sinn. Darüber herrscht aber gerade bei älteren Semestern oft noch Unverständnis oder einfach kein Bewusstsein dafür. Damit wirst auch du möglicherweise konfrontiert sein. So meinte die Chefin einer regionalen Sportartikelkette – selbst Mutter – kurz vor der Geburt meines Sohnes zu mir, dass man als Mann bei der Geburt eh nichts machen kann oder gar stört und ich deshalb besser arbeiten sollte. Meine Partnerin hatte, was meine Anwesenheit bei der Geburt betrifft, wie ein großer Teil der jungen Frauen heute, eine ganz andere Meinung. Und auch ich war bald davon überzeugt, dass ich Anna in diesen Stunden natürlich nicht allein lassen kann oder will. Sofern du nicht völlig die Nerven verlierst oder beinahe ohnmächtig wirst, wird dich auch niemand aus dem Kreißsaal schicken. Du gehst im Idealfall schon bei der Besichtigung der Klinik oder bei der Anmeldung mit und kannst ebenso wie deine Partnerin schon mal einen Blick in den Kreißsaal werfen und dich mit der Räumlichkeit etwas vertraut machen. Das nimmt Unsicherheiten. Darüber hinaus bist du durch den Geburtsvorbereitungskurs hoffentlich auf den großen Moment vorbereitet (Atemübungen!) und es ist sicher kein Fehler, euch über eure Gedanken, Ängste, Erwartungen und den Ablauf rund um die Geburt auszutauschen. Niemand ist also besser geeignet deine Partnerin zu begleiten als du! Vielleicht noch wichtiger: In der Zeit rund um die Geburt, die wirklich beängstigend sein kann – vor allem beim ersten Kind – muss sie nicht allein sein. Du bist da.

Übrigens habe ich im Zuge der Umbauarbeiten für unsere Wohnung den vergilbten Terminplaner meines Vaters aus dem Jahre 1987 gefunden. Am 18. August – ein Dienstag und mein Geburtstag – ist da „Zeitausgleich" eingetragen. Davor und danach war, wie immer, Arbeit angesagt.

Du und die Geburt

Und da sind wir schon bei einem nächsten wichtigen Punkt. Ich habe von vielen gehört (und kann es auch gut verstehen, da es mir bei der Geburt ganz genauso gegangen ist), dass sich Männer im Kreißsaal nützlich machen wollen. Mann will was tun, helfen, mitmachen, eingebunden sein. Aber hier dreht es sich nicht um dich und die Profis sind Hebammen, Ärzte, Anästhesisten, Kinderärzte und deren Helfer. Du wirst dich damit abfinden müssen, dass du am meisten tust, indem du einfach mit dabei bist. Und gerade das kann sehr schwer sein. In Kishons Text lässt er deshalb seinen Protagonisten den Satz „Sei froh, dass du nicht durchmachen musst, was ich durchmache" zur Frau sagen. Da steckt neben Witz auch Wahrheit drinnen. Denn du musst aushalten, dass deine geliebte Partnerin Schmerzen haben wird, dass sie erschöpft sein wird und dass es nicht in deiner Hand liegt den Geburtsprozess zu beschleunigen. Du kannst ihr die Schmerzen nicht abnehmen, aber als Begleiter bist du nicht zur völligen Untätigkeit verdammt. Hier ein paar Ideen:

- Niemand weiß, wie lange die Geburt dauern wird. Lobe deine Partnerin für ihre unglaubliche Kraft und Ausdauer. Du motivierst sie weiterzumachen und durchzuhalten. Sie ist nicht allein!
- Du kannst darauf achten, dass sie regelmäßig etwas trinkt, Wasser oder Tee besorgen.
- Bei einer langen Geburt könnte natürlich Kraftlosigkeit oder sogar Hunger auftreten. Du kannst, wenn von deiner Partnerin gewünscht, kleine Snacks, Obst oder Nüsse anbieten.
- Ich habe Anna, wenn die Wehen besonders schlimm waren, ein kühlendes, feuchtes Tuch auf die Stirn gelegt.
- Ihr atmet gemeinsam (Geburtsvorbereitung!).
- Du hältst und stützt sie bei Positionswechseln.
- Du versuchst, nicht im Weg zu stehen.
- Verwandte oder Freunde rufen permanent an? Du sorgst dafür, dass deine Partnerin jetzt die Ruhe bekommt, die sie benötigt. Ihr Handy lasst ihr am besten gleich im Zimmer.
- Ihr habt euch eine Playlist für die Geburt zusammengestellt? Jetzt könnte man diese abspielen (Smartphone, Bluetoothbox).
- Deine Partnerin muss möglicherweise mal zur Toilette. Eine solche gibt es an jeden Kreißsaal angeschlossen. Wenn sie möchte, stütze sie oder begleite sie.

All diese Vorschläge gelten natürlich nur, wenn auch deine Partnerin mit diesen einverstanden ist.

Vergiss dabei aber nicht, auf dich zu achten, denn bevor dir schwarz vor Augen wird, ist es schlau, einmal auf den Flur rauszugehen, Wasser zu trinken oder eine Runde im Hof zu drehen. Mir hat die Zuversicht, welche Anna vor der Geburt ausgestrahlt hat, sehr geholfen, mutig zu sein. Das Vertrauen ineinander war definitiv groß genug, um gemeinsam unseren Sohn in einer Klinik eine Stunde von unserem Zuhause entfernt auf die Welt zu bringen. Es waren keine anderen Verwandten oder Freunde dabei. Dennoch, in den Tagen vor der Geburt tat mir Anna mit dem dicken Bauch auch sehr leid und ich fühlte mich schuldig, denn immerhin hatte ich einen Anteil an ihrer Lage, der Schwangerschaft. Eine solche Sicht auf die Dinge bringt einen aber gar nicht weiter und ich habe diese Einstellung versucht hinter mir zu lassen. Solltest du auch, wenn du nicht verzweifeln willst.

Was unmittelbar nach der Geburt passiert

Heute ist es zumeist so, dass das Baby nach der Geburt nicht gleich gewaschen wird. Kurz mit dem Handtuch darüber und schon kommt es auf den Bauch der Mutter. Das ist sehr wichtig für das Bonding und das Wohlgefühl von Mutter und Baby. Auf Mamas Bauch kann es den vertrauten Herzschlag hören. Nach dem Erblicken des Lichtes der Welt und mit dem ersten Atemzug kann es sein, dass das Baby schreit. Wenn es atmet, kann die Nabelschnur durchtrennt werden. Das darf meistens der Papa machen, wenn er will. Ich wollte das nicht. Von nun an muss der kleine Körper allein funktionieren, und um sicher zu gehen, dass dies auch wirklich so ist, wird der APGAR-Test durchgeführt. Dazu muss das Neugeborene zumeist nicht einmal von der Mutter getrennt werden. APGAR meint: A – Atmung (Atemanstrengung und -regelmäßigkeit), P – Puls (Herzschlag), G – Grundtonus (Muskelspannung/Bewegungen), A – Aussehen (Hautfarbe, Auffälligkeiten), R – Reflexe (Auslösbarkeit der Reflexe/Reaktionen auf Reize, z. B. beim Absaugen).

Wenn alles in Ordnung ist, kommt ihr gemeinsam auf euer Zimmer und könnt euch endlich genauer kennenlernen. Oder einfach erholen und schlafen. Dazu aber später mehr.

- Wusstest du, dass es vier Lagemöglichkeiten für das Baby im Bauch kurz vor der Geburt gibt? In mehr als 90 % der Fälle liegt das Baby in der Vorderen Hinterhauptslage oder Schädellage. Dabei liegt es mit dem Kopf nach unten in der Gebärmutter. Diese Position ist ideal für die Geburt. Manchmal aber sitzt es in der Gebärmutter. Kopf nach oben, Hintern zum Gebärmutterausgang. Dann sprechen wir von der Beckenendlage oder Steißlage. Auch die Querlage (das Baby befindet sich quer in der Gebärmutter) kommt vor. Sollte es sich bis zur Geburt nicht mehr drehen, ist zumeist ein Kaiserschnitt notwendig. Dann wäre da noch die hintere Hinterhauptslage. Das Baby liegt zwar mit dem Kopf nach unten, sieht aber bei der Geburt nach oben. Deshalb nennt man diese Babys auch Sterngucker. Ob ein Kaiserschnitt notwendig ist, muss individuell entschieden werden.

Schon mal vom CTG/Cardiotokogramm gehört? Dieses ist dir in der Zwischenzeit schon öfter begegnet. Es steht in jedem Kreißsaal und auch beim Gynäkologen. Hebammen haben manchmal ein entsprechendes mobiles Gerät. Es ist eine großartige und wichtige Maschine, deren Untersuchung für Mutter und Baby völlig harmlos ist. Mit einem Gurt oder einem Netz wird ein Ultraschallkopf auf dem Bauch der Mutter befestigt. Wenn die Wehen beginnen, wird zusätzlich noch ein Druckaufnehmer angebracht. Die Messgeräte werden an einen Monitor angeschlossen und die Ergebnisse werden parallel auch ausgedruckt („Wehen schreiben"). Nun kann der Herzschlag der Mutter visualisiert werden, darüber hinaus der Herzschlag von eurem Baby und somit dessen Sauerstoffversorgung. Dieser kann größere Sprünge machen. So steigt die Herzaktivität, wenn sich das Kleine bewegt, und sie gehen etwas nach unten, wenn es schläft oder sich nicht bewegt. Schließlich wird auch noch die Wehentätigkeit aufgezeichnet. Je weiter die Kurve ausschlägt, umso stärker die Wehe. Deine Partnerin wird zumeist für circa 30 Minuten am Gerät hängen, während der sogenannten Austreibungsphase dann aber permanent.

Die Kliniktasche

Fast hätten wir selbst auf etwas wirklich Wichtiges vergessen, aber das soll dir nicht passieren. Solltet ihr keine Hausgeburt planen, dann werdet ihr auf jeden Fall eine Kliniktasche benötigen. Und selbst bei einer Hausgeburt ist es ratsam, alles Notwendige vorzubereiten und in Griffweite zu haben.

Was aber soll in eine Kliniktasche rein? Wir gehen jetzt einmal davon aus, dass ihr nur wenige Tage in der Klinik sein werdet, weil alles super verlaufen wird. Sollte dem nicht so sein, musst du ohnehin noch einmal nach Hause oder Dinge nachkaufen. Ich habe dir mal eine großzügig angelegte Liste zusammengestellt – entscheidet selbst, was ihr dann wirklich mitnehmen wollt. Im Idealfall packt ihr gemeinsam ein.

Viele wichtige Sachen hast du schon dabei, wenn du dein Smartphone mithast: Die Lieblingsmusik deiner Partnerin, du kannst damit Bilder machen und Videos. Abgesehen davon kannst du natürlich deine Freunde und Verwandten erreichen. Damit das alles hinhaut, vergiss aber bitte nicht auf das Ladegerät! Illustrierte oder Zeitungen im Vorhinein zu kaufen hat meiner Meinung wenig Sinn, aktuelle Ausgaben bekommst du beim Klinikkiosk.

Dokumente

- Mutter-Kind-Pass
- Impfpass bzw. Blutgruppenausweis von euch beiden (wenn vorhanden)
- Reisepass oder Personalausweis von euch beiden

- e-Card deiner Partnerin (Private Versicherungskarte, falls du sowas hast)
- Allergie-Ausweis, falls vorhanden
- Heiratsurkunde: Falls ihr verheiratet seid und die Geburtsurkunde in der Klinik erstellt werden soll.

Für deine Partnerin

- Jogginganzug und/oder ähnlich leichte und gemütliche Anziehsachen (Leggings), auch für den Heimweg
- 1 oder 2 Nachthemden oder weite Shirts
- Hausschuhe/Patschen
- 3 Paar Socken (dürfen ruhig flauschig sein)
- Kopfhörer und/oder Bluetoothbox
- 2 oder 3 weitere Oberteile (eventuell mit Knopfleiste)
- 2 Still-BHs und Stilleinlagen
- einige gemütliche Slips, manche davon werdet ihr vielleicht nicht mehr mit nach Hause nehmen
- Pflegeartikel wie Duschgel, Zahnbürste und Zahnpasta, Haargummis (für die Geburt) oder Haarspangen und eine verträgliche Creme
- Trägt sie Kontaktlinsen oder eine Brille? Nicht darauf vergessen!
- Gibts einen Lieblingspolster? Oder irgendein anderes Lieblingsding? Einpacken!

Für euch beide

- Ihr habt Lieblingsknabbereien oder Süßigkeiten? Pack sie ein, sie werden euch zwischendurch helfen!
- Traubenzucker (eher für dich)
- Kleingeld. Wird immer wieder beim Kaffeeautomaten o. Ä. benötigt
- Weiches Klopapier, wenn ihr auf so etwas Wert legt

Für euer Baby

Jede Klinik hat auch Babykleidung parat. Ihr müsst nicht unbedingt (die gesamte) Babygarderobe mitnehmen. Das gilt auch für Windeln. Wir haben im Krankenhaus die von uns mitgebrachte Babykleidung nicht benötigt. Dennoch möchten manche lieber selbst bestimmen, was es zum Anziehen gibt. Wenn ihr eigene Babykleidung mitnehmen möchtet, empfehlen sich:

- Bodies
- Strampelanzüge
- Hosen und Pullover
- warme Mütze (Winter) oder 1 leichte Kopfbedeckung (Sommer)
- Je nach Jahreszeit Jacke oder Jäckchen
- Söckchen, kleine Strickpatschen o. Ä.
- Windeln in kleinster Größe
- Eine kuschelige Babydecke z. B. für den Heimtransport (am besten keine synthetischen Stoffe)
- Baumwollwindeln (Spuckwindeln)
- Für den Transport: Babyschale im Auto, Kinderwagen oder Tragetuch. Bei Transport im Kindersitz am Beifahrerplatz unbedingt Airbag ausschalten
- Für Babys geeignete Feuchttücher
- Schnuller (wenn ihr diesen geben möchtet, im Zweifel sprecht darüber mit der Hebamme)

Die Größe von Babykleidung wird nach Nummern geordnet und fängt in den meisten Läden bei 50 an. Dann geht es mit Sechser-Schritten weiter. Die nächste Größe wäre also 56, dann 62 und so weiter. Für kleinere Babys und Frühchen gibt es noch kleinere Klamotten.

Für dich

- Zigarren oder Schnaps oder beides
- gemütliche Schuhe/Patschen
- Ladegerät!
- 1 oder 2 Reserve-T-Shirts und etwas Wechselgewand wie Socken, Unterhosen etc., falls es länger dauert
- Zahnbürste
- Snacks. Denn du bist möglicherweise nicht du selbst, wenn du hungrig bist.

Auf ein Deo kannst du getrost verzichten. Dein Baby wird – anders als deine Arbeitskollegen – deinen „Gestank" lieben, es orientiert sich stark am Geruch der Eltern. Ein Deo oder Parfum kann da sehr irritieren.

Organisier dir bzw. euch ein Backup, falls ihr etwas vergessen solltet. Also eine Person, die im Notfall Dinge nachbringen kann. Damit bist du auch schon bestens gerüstet und es kann losgehen.

Auf der Seite schwanger.at/checklisten.html findest du alle möglichen Checklisten rund um das Thema Schwangerschaft.

- Der Geburtstermin kommt näher, und wenn es dann soweit ist, ist die Aufregung bei dir sicher groß. Jetzt wäre der ideale Zeitpunkt, um die Strecke von eurem Wohnort zur Klinik oder Hebamme probehalber abzufahren. Da das Verkehrsaufkommen im Laufe eines Tages variiert, kann es sinnvoll sein, die Strecke zu unterschiedlichen Tageszeiten zu testen. Dann wisst ihr ungefähr, wie lange ihr unterwegs seid, um ins Krankenhaus zu gelangen. Wenn die Babyschale auch schon im Auto montiert ist, sparst du dir später einiges an Stress. Apropos Auto fahren. Der Babybauch benötigt jetzt schon viel Platz.

Etwas bequemer wird es mit einem sogenannten *Schwangerschaftsgurt*. Es handelt sich dabei um einen Gurteinsatz, der den Beckengurt des Autos vom Babybauch weghält.

- Auch und gerade um Krankenhäuser gibt es viele Kurzparkzonen. Schau dir die mal an, wenn du nicht (mehrfach) Strafe zahlen möchtest, so wie ich.

Kindergarten, Krabbelgruppe, Tagesmutter – jetzt schon?

Du wirst dich fragen, was das Thema Kinder- oder Babybetreuung in diesem Buch verloren hat. Kann das nicht noch warten? Aus vielerlei Hinsicht kann es das oftmals nicht.

Nicht selten scheitert der berufliche Wiedereinstieg an der fehlenden Kinderbetreuung. Beim Kind zu Hause zu bleiben muss man sich als Vater und Mutter heute leisten können. Und nicht jedes Paar hat die Möglichkeit, Oma und Opa einspringen zu lassen. Wer rasch wieder arbeiten möchte, der sollte bereits während der Schwangerschaft ein passendes Kinderbetreuungsmodell organisieren oder sich zumindest über die Möglichkeiten informieren. Dabei macht es natürlich Sinn, dieses mit eurer geplanten Karenzzeit und dem Kinderbetreuungsgeld abzustimmen.

Tagesmütter sind eine Möglichkeit für die Kinderbetreuung, Kinderkrippen und Krabbelstuben wiederum andere. Größere Firmen betreiben bereits vermehrt Betriebskindergärten. Wer berufstätig ist, dessen Kinder werden zumindest in Wien bei der Vergabe von öffentlichen Kindergartenplätzen bevorzugt.

Solltest du eine Wunscheinrichtung haben, dann ergibt es Sinn, dein Baby jetzt schon voranzumelden. Gewisse Kindergärten und Kinderkrippen haben nämlich lange Wartelisten! Der österreichische Kleinkinderbetreuungssektor ist oft sehr prekär und es gibt in der Regel viel zu wenige Betreuungsplätze. Kindergartenpädagoginnen verdienen lachhaft wenig und die Arbeitsbedingungen sind oft eine Katastrophe. Ich habe vor wenigen Jahren in Wien mit einer jungen Frau zusammengewohnt, die ausgebildete Kindergartenpädagogin und als solche auch einige Jahre tätig war. Sie hat sich dann aber dazu entschieden, Fahrradkurierin zu werden, da laut ihren Angaben dieser Beruf weniger nervenaufreibend, stressig und bei entsprechendem Einsatz besser bezahlt ist als ihre Arbeit in einem Wiener Kindergarten. Ich denke, das sagt alles.

Dazu kommt, dass die Öffnungszeiten von Kindergärten oder Krabbelstuben sehr variieren können und Nachmittagsbetreuung oftmals extra kostet. Du merkst also, es ist sinnvoll, sich hier früh zu informieren. Tendenziell hat man in ländlichen Gegenden solche Anmeldeprobleme nicht. Dafür ist es hier oft noch schwieriger, überhaupt Nachmittagsbetreuung zu erhalten.

- Über die Möglichkeiten und Formen der Kinderbetreuung in Österreich kannst du dich auf der Seite oesterreich.gv.at informieren.

Worüber man selten redet

Frühgeburten

Babys halten sich nicht gerne an Geburtstermine. Manche kommen etwas davor, manche Tage später. Aber manchmal kommen sie einfach viel früher als geplant. Von einer Frühgeburt spricht man, wenn das Neugeborene vor der 37. Schwangerschaftswoche das Licht der Welt erblickt. Die Gründe für eine Frühgeburt können dabei ganz unterschiedlich sein, neben starker psychischer oder physischer Belastung oder Gewalterfahrungen können auch Rauschmittel, Diabetes, das Alter oder Körpergewicht der Mutter oder eine Mehrlingsschwangerschaft Gründe für eine Frühgeburt sein. In den meisten Fällen sind Infektionen der Auslöser dafür. Dazu können Röteln, Masern oder Toxoplasmose, aber auch eine Blasenentzündung oder eine vaginale Infektion zählen.

Wichtig ist aber auch zu wissen, dass es in Kliniken, welche auf Frühgeburten spezialisiert sind (jene mit Neonatologie), fast nichts schief gehen kann. Die meisten Frühgeburten können gemeinsam mit ihren Eltern das Krankenhaus bald verlassen. Heute ist es so, dass ein Frühchen mit nur 1000 Gramm im Grunde schon auf der sicheren Seite ist, wenn es entsprechend versorgt wird. Selbiges gilt für Babys, welche ab der 28. Schwangerschaftswoche geboren werden. Aber auch für jene, die sogar vor der 28. Schwangerschaftswoche auf die Welt kommen, stehen die Chancen heute gut, dass das Kind überleben kann. Um die positive Entwicklung des Neugeborenen zu unterstützen, werden auch die Eltern entsprechend engmaschig betreut und unterstützt (in Form einer Stillberatung, von Psychologen). In manchen Kliniken werden auch Musiktherapeuten eingesetzt.

- Weitere vertiefende Infos zum Thema Frühgeburt findest du unter www.gesundheit.gv.at/leben/eltern/geburt/geburtsvorbereitung/fruehgeburt

Sternenkinder

Bereits zu Beginn des Buches hast du erfahren, dass, wenn ein Embryo die ersten zwölf Wochen der Schwangerschaft überstanden hat, die Chancen gut stehen, dass auch bis zur Geburt alles gut verläuft. Es stimmt, dass die Wahrscheinlichkeit für den Verlust des Embryos danach sinkt, dennoch kann es in einem sehr geringen Teil der Fälle noch zu einer Fehlgeburt und damit zu einem Verlust des kleinen Lebens kommen. Nicht immer lässt sich dafür eine medizinische Erklärung finden, was dieses Ereignis für die Mutter und auch den Vater nur umso unbegreiflicher und erschütternder machen kann. Je später im Laufe einer Schwangerschaft das Baby verloren wird, umso unbeschreiblicher werden die Schmerzen der Eltern sein. Die Mutter hat das Kind in sich gefühlt, hat mit ihm gesprochen wie auch du. Ihr habt euch vorbereitet und die gemeinsame Zukunft geplant. Zuhause ist alles hergerichtet und bereit, damit ihr als Familie ankommen könnt. Stattdessen muss eine Beerdigung geplant, ein Sarg ausgesucht werden. Dieser Schrecken und die Trauer sind nicht vorstellbar und mit Worten nicht zu beschreiben. Dementsprechend tabuisiert ist das Thema. Dieses Tabu möchte ich etwas brechen und deshalb findest du im Folgenden eine Handvoll Tipps, die mir selbst Tränen in den Augen treiben, während ich schreibe und die hoffentlich niemand der Leute, die dieses Buch in Händen halten, je benötigen wird.

Wer einen solchen Verlust erlitten hat, der erlebt ob des überwältigenden Schmerzes oft auch eine kaum vorstellbare

Sprachlosigkeit. Denn wie soll man einen solchen Schmerz beschreiben? Und wem? Dennoch wissen wir alle auch, dass ein fortgesetztes Hinunterschlucken und Verdrängen des erlittenen Leids, des Traumas, dieses nicht auflösen wird. (Psycho-)Therapeutische Begleitung kann helfen und Orientierung geben in einer Zeit, in der du und deine Partnerin möglicherweise allen Halt verloren habt. Hebamme, Hebammenzentrum, eure Klinik oder Gynäkologe sind eure ersten Ansprechpartner.

Wenn ein Baby im Mutterleib verstorben ist und dann tot auf die Welt kommt, dann nennt man das eine Stille Geburt. Eine solche kann in einer Klinik oder auch zu Hause stattfinden. Solange die Fruchtblase geschlossen ist, kann der Mutter, auch wenn sie ein totes Kind in sich trägt, nichts passieren.

Auch wenn ein Kind vor, während oder kurz nach der Geburt stirbt, haben bei der Mutter körperliche Veränderungen stattgefunden. Das Zentrum für Schwangerschaft, Geburt und Leben mit Kindern *Nanaya* bietet Rückbildungskurse speziell für Mütter, deren Baby verstorben ist. Darüber hinaus ist immer Platz für Gespräche und Austausch. Im Anhang findest du noch einige weitere Adressen.

Euer Baby war nur kurz bei euch und doch da. Ihr habt es gespürt, wart schon neugierig auf den Familienzuwachs, habt es geliebt. Möglicherweise ist eine Abtreibung nötig gewesen. Das alles kann für euch Eltern und die Beziehung eine große Belastung sein. In Wien gibt es die Möglichkeit, dass ihr euch an die Selbsthilfegruppe *Regenbogen* wendet. Diese steht ausschließlich Eltern offen, die ihr Baby nach Abortus, Fehlgeburt, Schwangerschaftsabbruch, Totgeburt oder kurz nach der Geburt verloren haben. Bei den Treffen ist es möglich, sich mit anderen betroffenen Männern und Frauen auszutauschen, Informationen zu erhalten und Gespräche zu führen, um Trost und Hoffnung zu erfahren.

Die Geburt – es geht los!

Eigentlich wollte ich lange gar nicht so genau wissen, wie das mit der Geburt im Detail funktioniert. Dieses Ereignis war für mich mit starken Unsicherheiten verbunden. Aber wie soll man die Partnerin unterstützen und/oder nicht in Panik verfallen, wenn es dann wirklich soweit ist, wenn man sich nicht halbwegs auskennt? Und ohne etwas Beschäftigung mit der Thematik stellt sich natürlich auch die dringliche Frage, woran man denn nun eigentlich merkt, dass es soweit ist. Oh Mann. Deshalb nehmen wir jetzt unseren Mut zusammen und schauen uns an, wie eine solche Geburt von statten geht. Natürlich ist jede Geburt individuell, dennoch lassen sich für die meisten Geburtsprozesse gemeinsame Charakteristika nennen. Genau die interessieren uns jetzt.

Zeichnungsblutung und Blasensprung

Ein sicheres Zeichen, dass es mit der Geburt los geht, ist das Einsetzen von Wehen. Aber schon bevor die Wehen einsetzen, können zwei andere Ereignisse sehr deutlich auf die bevorstehende Geburt hinweisen. Die sogenannte Zeichnungsblutung und/oder der Blasensprung. Unter ersterer versteht man eine vaginale Blutung, die durch kleine Verletzungen an Gefäßen des Muttermundes oder den Abgang des Schleimpfropfens, der den Muttermund verschlossen hält, entstehen kann. Nicht jede Blutung ist aber eine Zeichnungsblutung, deshalb in einem solchen Fall sofort an die Hebamme oder einen Gynäkologen wenden oder ihr fahrt gleich in die Klinik. Von nun an ist es bis zur Geburt nicht mehr weit.

Ein Blasensprung ist ein noch eindeutigeres Zeichen für die bevorstehende Geburt. Hast du dich auch schon gefragt, wo das ganze Wasser überhaupt herkommt? Ganz einfach: Um das Baby vor Stößen und Viren zu schützen, ist es im Bauch von einer Fruchtblase, bestehend aus zwei Eihäuten, die mit Fruchtwasser gefüllt sind, umgeben. Dieses Fruchtwasser kann als

Schwall oder tröpfchenweise abgehen. Deine Partnerin wird früher oder später die warme Nässe spüren: Nehmt dann sofort Kontakt mit eurer Hebamme auf oder ruft gleich die Rettung, um in die Klinik zu fahren, denn nach einem Blasensprung wird ein liegender Transport empfohlen.

Wenn die Wehen nun trotz Blasensprungs und/oder Blutung noch nicht eingesetzt haben, dann werden sie dies bei den meisten im Laufe der nächsten 24 Stunden. Tun sie das nicht, wird mit Medikamenten oder Naturmitteln nachgeholfen werden, um die Geburt einzuleiten, denn nun sollte das Baby geboren werden.

- Hast du eigentlich schon die Nummer von eurer Hebamme und der Klinik in deinem Handy oder Smartphone eingespeichert? Im Zweifel gleich unter der Schnellwahltaste.

Der Geburtstermin unseres Sohnes war übrigens bereits fünf Tage überfällig und das Fruchtwasser im Bauch wurde knapp, wie wir bei den letzten Ultraschalluntersuchungen sehen konnten. Dennoch haben wir keinen Blasensprung oder andere Anzeichen bemerkt. Die Wehen kamen einmal regelmäßig, dann wieder unregelmäßig. Das waren beklemmende Stunden für uns als werdende Eltern, da wir nicht wussten, wann es nun wirklich losgeht. Die Hebamme, welche nun aufgrund der Geburtsbegleitung jeden Tag bei uns vorbeischaute und auch telefonisch immer erreichbar war, stellte noch dazu fest, dass der Muttermund kaum geöffnet war. Deshalb gab sie uns den Tipp, in dem Moment in die Klinik zu fahren, wenn wir uns zu Hause nicht mehr wohlfühlen oder das Gefühl haben, dass etwas nicht passt. Immerhin hatten wir eine Stunde Fahrt vor uns. Also haben wir uns an einem Samstag endlich auf den Weg in die Klinik gemacht. Anna hat man gleich dortbehalten, mich hat man aber nach Hause geschickt, ich sollte am nächsten Tag wiederkommen. Am Sonntag in der Früh ging es dann wirklich los. Am Weg in die Klinik habe ich noch einen schnellen Stop beim Fast-Food-Restaurant eingeschoben und meinen letzten Burger ohne Nachwuchs gegessen. Noch einmal zehn Minuten für mich allein, um mich von meinem bisherigen Leben zu verabschieden. Bis zur Geburt sollten aber noch 23 anstrengende Stunden vergehen. Pünktlich zum Montagsfrühstück wurde dann unser Sohn geboren.

Schema F? Die Phasen einer Geburt

Wie in einer Klinik mit Gebärenden, ihren Männern und den Babys umgegangen wird, hat sich in den letzten Jahren sehr geändert. Bis vor nicht allzu langer Zeit hat man die Frau in der Klinik abgegeben und musste dann als Mann im Vorraum warten. Oder man wurde nach Hause geschickt und angerufen, wenn das Baby da war. Die Geburt blieb dem Mann ein Mysterium. Welche Gefühle eine Geburt bei Männern auslöst bzw. mit welchen Gefühlen eine Geburt für Männer konnotiert ist, ist natürlich sehr individuell und ich maße mir nicht an, diese zu beschreiben. Das ist einer jener Momente, die man selbst erlebt haben muss. Allerdings lässt sich der Geburtsprozess charakterisieren und in Phasen einteilen. In all dieser Zeit kannst du dabei sein, unterstützen, da sein, helfen, Entscheidungen zu treffen.

Die Eröffnungsphase

Wusstest du, dass die ersten Geburtswehen auch „Eröffnungswehen“ genannt werden? Der Name kommt daher, dass sich der sogenannte Muttermund zirka zehn Zentimeter öffnen muss, damit das Baby von der Gebärmutter in den Geburtskanal gelangen kann. Die Wehen kommen in dieser Phase übrigens circa alle fünf bis zehn Minuten. Die enorme Muskelanspannung kann dazu führen, dass sich die werdende Mutter erbrechen muss oder Durchfall bekommt. Das ist aber schnell vorbei. Öffnet sich der Muttermund, dann ist es normalerweise nicht mehr weit, bis das Baby da ist. Wie lange es aber dauert, bis die Öffnung zehn Zentimeter groß ist, das ist individuell höchst unterschiedlich und kann schneller oder sehr langsam ablaufen (wie bei der Geburt unseres Sohnes). Tendenziell sind zweite Geburten etwas „leichter" als die erste.

Wir haben von unserer Hebamme den Tipp erhalten, diese Eröffnungsphase nicht einfach passiv zu erdulden, sondern aktiv mitzumachen. Das bedeutet mitatmen, mittönen und Positionen wechseln und ausprobieren. Im Idealfall werdet ihr dabei von einer Hebamme unterstützt, denn lange Zeit unter Wehen unbegleitet im Zimmer zu liegen führt nur dazu, dass bei der eigentlichen Geburt die Kräfte und der Mut aufgebraucht sind, Verkrampfungen bis hin zur Panik inklusive. Und genau das könnt ihr jetzt nicht brauchen.

Die Austreibungsphase

Wie der wenig diplomatische Begriff, der eher an einen Exorzismus erinnert, erahnen lässt, geht es jetzt ans Eingemachte. Der Muttermund ist weit genug geöffnet und das merkt auch das Baby. Es schiebt sein Köpfchen nun kräftig nach unten und tritt in den Geburtskanal ein. Die Wehen kommen nun beinahe alle zwei Minuten und sind sehr stark. Die Hebamme steht euch zur Seite und sagt an, wann gepresst werden muss und wann der Moment ist, um noch einmal kurz innezuhalten und wieder Kraft zu schöpfen, bis schließlich die Presswehen einsetzen. Atmen nicht vergessen! Jetzt geht es nur mehr darum, zu schieben und zu pressen. Trotz aller Kraftanstrengung reicht diese manchmal nicht aus und es kann sein, dass eine Saugglocke zur Unterstützung der Geburt verwendet wird. Als

Erstes ist der Kopf zu sehen, dann die Schultern und der Rest ist dann ganz leicht. Euer Kind ist geboren. Dieser Moment: Ich habe vor Glück und Erleichterung geheult, konnte mich nicht mehr beherrschen, so groß war das alles.

Die Nachgeburtsphase

Nun habt ihr im Idealfall etwas Zeit, auch wenn die Geburt eigentlich noch nicht ganz vorbei ist. Denn das Baby ist zwar da, aber es fehlt noch die sogenannte Nachgeburt, also die Plazenta, welche das Baby bisher mit allem Lebensnotwendigen versorgt hat. Da hängt auch die Nabelschnur noch dran. Es kann noch zu kleineren Wehen kommen, bis schließlich auch diese überstanden sind. Manchmal sind die Mütter so voll mit Glückshormonen, dass sie dies gar nicht richtig mitbekommen, in anderen Fällen ist auch die Nachgeburt überaus schmerzhaft. Das ist individuell verschieden. Wenn sich die Plazenta komplett gelöst hat und die frisch gebackene Mama auf Verletzungen und Risse untersucht worden ist, dann ist es geschafft. Die Plazenta kann übrigens mitgenommen werden, wenn ihr das wollt. Manche lassen daraus homöopathische Kugeln machen, andere graben sie im Garten ein. Wir haben darauf verzichtet, das Baby hat uns voll und ganz gereicht.

In den folgenden Stunden und Tagen habt ihr Zeit, euch langsam etwas kennenzulernen und euch an die neue Situation zu gewöhnen. Manche können bereits einen Tag nach der Geburt das Krankenhaus verlassen, andere bleiben dort noch mehrere Tage. So wie wir. Eine ganze Woche ist Anna mit unserem Sohn noch in der Klinik geblieben. Vier Tage davon habe ich vor Ort geschlafen, ehe ich zurück in die Arbeit musste. Überschrittene Gelbsuchtwerte machten den längeren Aufenthalt notwendig, allerdings wurden wir so gut behandelt und ärztlich umsorgt, dass wir sogar froh waren, noch einige Tage in dieser „geschützten“ Umgebung sein zu dürfen. In Krankenhäusern gibt es darüber hinaus Besuchszeiten – Verwandte oder Freunde können nicht einfach auftauchen, das muss abgesprochen werden. Da wir aber vor allem hundemüde und geschafft waren, ist es uns gelegen gekommen, ein paar Tage „Ruhe“ zu genießen, bevor es ab nach Hause ging. Die Zeit in der Klinik haben wir mit Wickeln üben verbracht, ich habe unserem Sohn stundenlang vorgesungen oder Lieder vorgespielt. Das erste Lied, das er gehört hat, war *Westerland* von den Ärzten. Keine Ahnung warum, aber das hatte ich während der Geburt dauernd im Ohr. Rückblickend erinnere ich mich an diese Tage, obwohl sie nicht lange her sind, wie an einen Traum. Und Traumtanzen beschreibt diese erste Zeit wohl am besten. Alles verschwimmt, man hat so viele Gedanken und der Tag vergeht so schnell, obwohl man sich eigentlich nur mit dem Baby beschäftigt. Manchmal konnte ich es auch einfach nicht glauben, dass wir dieses kleine wunderbare Ding gemacht haben und ein paar Mal habe ich Anna ungläubig gefragt, ob ich so etwas Tolles überhaupt verdient habe.

Geburt und Schmerzen

Die Wehen. Wenn sie auftreten, dann geht es wirklich los mit der Geburt. Wir wissen nun zwar noch nicht, wie lange die Geburt dauern wird, das Abenteuer hat aber begonnen. Aber was sind eigentlich Wehen? Und wie erkennt man den Unterschied zwischen Geburtswehen und Übungswehen?

Wehen können sehr schmerzhaft sein, deshalb widme ich ihnen hier ein eigenes Kapitel. Ich habe mir Wehen als Ziehen und Krampfen in der Bauchgegend, dem Becken, Beinen oder im Rückenbereich beschreiben lassen. Menschen sind unterschiedlich schmerzempfindlich, weshalb Geburtswehen für manche Frauen erträglicher sind als für andere. Im

Gegensatz zu Übungs- oder Senkwehen treten Geburtswehen deutlich stärker und regelmäßiger auf. In den meisten Fällen werden die zeitlichen Abstände zwischen stündlichen oder halbstündlichen Wehen langsam kürzer, bis sie irgendwann im Zehn-Minuten-Takt auftreten. Solltet ihr keine Hausgeburt geplant haben und eure Hebamme nicht schon bei euch sein, um euch zu instruieren, dann heißt es spätestens jetzt: Kliniktasche greifen und mit Partnerin ins Auto, Taxi oder Rettung, um schleunigst ins Krankenhaus zu fahren. Je weiter der Weg dahin, desto früher startet ihr los.

Wie du deine Partnerin am besten unterstützt

Manchmal kann es aber auch sein, dass die Wehen unregelmäßig über Tage hinweg andauern und unter Umständen gar nicht als Geburtswehen wahrgenommen werden (im Zweifelsfall immer mit eurer Hebamme Kontakt aufnehmen). Oder aber die Wehen kommen wie ein Sommergewitter plötzlich und kräftig über deine Partnerin. Und auch dann gilt: Hebamme kontaktieren oder gleich an den Ort der geplanten Geburt. Auch wenn es vielleicht schwerfällt, versuche Ruhe zu bewahren, um sicher in die Klinik zu gelangen und auch deiner Partnerin und dem Baby ein gutes Gefühl zu geben. Innerlich rennst du vielleicht schreiend und in Panik im Kreis, äußerlich bist du jetzt der ruhige, aber starke Felsen, auf den sich deine Partnerin stützen kann, ehe du sie in der Klinik dem ärztlichen Personal übergibst und somit auch selbst etwas entlastet wirst.

Bei all diesen Vorgängen kannst du deine Partnerin unterstützen! Du sprichst Mut zu und feuerst an, du bist anwesend und hältst ihre Hand, streichelst sie, lässt sie nicht allein. Das kann manchmal, vor allem, wenn es sehr lange dauert, etwas frustrierend werden, vielleicht an den Nerven zehren. Denn du siehst deine Partnerin, wie sie kämpft und sich einsetzt, aber du siehst auch ihre Schmerzen und wie schwierig die Geburt sein kann. Das musst du aushalten. Du kannst schreien oder die Luft anhalten, solange du willst, es wird die Geburt nicht beschleunigen. Deshalb arbeite mit deiner Partnerin und mit der Hebamme. So trägst du dazu bei, den Geburtsprozess zu erleichtern und bist aktiver Teil bei der Geburt eures Kindes. Ich habe mit meiner Partnerin immer laut mitgeatmet, weil uns das zu zweit leichter gefallen ist.

Potenziell schmerzlindernde Maßnahmen können sein:

- Aromatherapie
- Kräutertees
- Bachblüten
- Dammmassage
- Homöopathie
- Akupunktur

Aus dem Geburtsvorbereitungskurs weißt du außerdem, dass

- aktive Atmung und Atemübungen
- Bewegung und Positionswechsel
- Massagen
- ein warmes Bad
- und überhaupt Wärme (Wärmflasche, Kirschkernkissen)

das Wohlbefinden steigern und Schmerzen lindern können. Aber auch die Anwesenheit einer für deine Partnerin sehr vertrauten Person, also von dir, kann sich sehr positiv auf sie und den Geburtsprozess auswirken. Du gibst Nähe, wenn das gewollt ist, reichst Wasser oder Snacks oder hältst einfach ihre Hand. Du bist mittendrin statt nur dabei und es liegt in deinem Einflussbereich, Mut zuzusprechen, Kraft zu geben und für Motivation zu sorgen, auch wenn es länger dauert als erhofft.

Einsatz von schmerzlindernden Medikamenten

Abgesehen davon gibt es natürlich auch Medikamente gegen Schmerzen. Unterschiedlich starke Beruhigungs- und Schmerzmittel können zur Anwendung kommen. Besonders beliebt ist die sogenannte Periduralanästhesie (PDA). Zu all diesen Fragen der Anästhesie bietet jedes Krankenhaus eigene, in der Regel verpflichtende Unterredung oder Informationsveranstaltung und Materialien an. Normalerweise kannst du als werdender Vater an solchen Veranstaltungen teilnehmen.[13] Im Anschluss daran muss, wie bei Operationen üblich, die werdende Mutter unterschreiben, dass sie verstanden hat, worum es ging. Deine Partnerin kann schmerzlindernde Mittel in Anspruch nehmen, muss sie aber nicht. Was tatsächlich verabreicht wird, kann auch noch während des Geburtsprozesses besprochen und je nach Situation entschieden werden.

Noch einmal zurück zur PDA. Sehr viele Geburten und ein großer Teil der Kaiserschnitte erfolgen heute in Regionalanästhesie, also keiner Vollnarkose, sondern nur einer regionalen Betäubung. Bei der PDA werden die schmerzleitenden Nervenfasern des Rückenmarks betäubt. Dadurch werden Geburtsschmerzen stark gelindert oder auch ganz ausgeschaltet, gleichzeitig bleibt die Frau völlig klar im Kopf, wenngleich später auftretende Kopfschmerzen eine seltene, aber unerwünschte Nebenwirkung sein können. Die PDA ist besonders sinnvoll, wenn man es mit komplizierten und/oder langen Geburten zu tun hat. Der Muttermund muss allerdings schon einige Zentimeter weit geöffnet sein, bevor die PDA angewendet werden kann.

Manche Hebammen kritisieren, dass diese Methode zu oft eingesetzt würde und dadurch auch die eigene Wirksamkeit

---

13 Ich beziehe mich hier auf unsere Erfahrungen in der Wiener Semmelweis-Frauenklinik, dem LKH Villach und dem KH Spittal in Kärnten.

und Körperlichkeit bei der Geburt verloren geht. Ich denke, hier kommt man mit Dogmatik nicht weit. Bleibt flexibel. Wenn eine natürliche Geburt möglich und gewünscht ist: großartig. Aber das muss man nicht um jeden Preis aushalten, wenn es nicht mehr auszuhalten ist. Deshalb entscheidet nach Absprache mit Hebamme und Ärzten in der jeweiligen Situation, ob und welche Schmerzmittel eingesetzt werden sollen. Informiert euch in der jeweiligen Klinik über die angebotenen Möglichkeiten. Für meine Partnerin war nach der ersten homöopathischen Dosis (als Zäpfchen verabreicht) klar, dass diese Mittel während der Geburt aus dem Kreißsaal verbannt werden. Sie wollte etwas, das wirklich gegen die Schmerzen hilft. Da die Geburt 23 Stunden gedauert hat, ist das ein nur allzu verständliches Ansinnen.

- Unsere Sprache formt den Blick auf die Welt. Im Englischen heißen Wehen „to be in labour". Geburt ist also nicht einfach nur Schmerz, sondern auch sehr viel Arbeit und ein Durcheinander an überwältigenden Gefühlen bis hin zur Euphorie.

- Die Schmerzen, die Frauen vor, während und auch teilweise nach einer Geburt aushalten müssen, können wir Männer uns nicht vorstellen und man kann sie auch kaum beschreiben. Aber auf YouTube findest du unter dem Begriff „Wehensimulator" einige Videos, die dir eine Ahnung davon geben, was deiner Partnerin bevorsteht bzw. was sie durchmacht. Auch für dich kann diese Zeit schmerzhaft sein, wenn deine Partnerin zum Beispiel lange und kräftige Fingernägel hat und diese sich in das Fleisch deiner Hand oder deines Armes graben. Deshalb kleiner Geheimtipp von mir: Fingernägel im letzten Schwangerschaftsdrittel kurz halten.

- Auch für Männer kann eine Geburt einer emotionalen Achterbahnfahrt gleichen. Wir fühlen mit und können uns sogar richtig reinsteigern, wenn wir unsere Partnerin mit Schmerzen sehen und erkennen, welche Anstrengungen diese durchlebt, um das gemeinsame Baby auf die Welt zu bringen. Je näher und länger man bei einer Geburt dabei ist, umso mehr kann sie auch zu einer Grenzerfahrung werden. Herzrasen, Hyperventilation, Tränen, ja sogar Weinkrämpfe sind völlig normal. Du musst dich nicht schämen. Du bist nicht der Erste, dem das passiert. Auch dir fällt nach der Geburt ein großer Stein vom Herzen. Es wäre unmenschlich, wenn dies nicht emotionale Reaktionen hervorrufen würde. Lass es raus. Wann, wenn nicht in einer solchen Situation?

Was du bei einer Geburt besser nicht machen solltest

- Ja, auch aus dem Kreißsaal kann man rausfliegen. Ärzte, Anästhesisten, Hebammen: Sie alle wissen, wie sie ihre Arbeit zu tun haben und haben Erfahrung in dem, was sie machen. Sei kein Arschloch und versuche nicht, diesen Leuten ihren Job zu erklären.
- Frage nie, wie lange das noch dauert. Das darf nur deine Partnerin.
- Egal, wie lange es dauert, Panik hat noch keine Geburt erleichtert. Also chill. Auch wenn es arg ist.
- Mach keinen Live-Stream. Tu es einfach nicht. Überhaupt ist Filmen in dieser Lebenslage einfach eine schlechte Idee. Wenn du es dennoch machen möchtest, filme von der Seite. Deine Partnerin wird es dir danken. Überhaupt bleibst du am besten im Kopfbereich bzw. an der Seite deiner Partnerin.
- Fünf neue Nachrichten in WhatsApp-Gruppenchats, neue Insta-Stories und auf Twitter gehts auch grad rund? Ignoriere es und spiele nicht auf deinem Handy herum. Das ist nicht der Ort und die Zeit dafür.

- Während der Geburt, zwischen Hormonen, Emotionen, Tränen und Schweiß fallen manchmal auch raue Worte. Nimm es nicht persönlich.

Wichtig ist aber auch: Schau auch auf dich. Vergiss nicht zu essen, zu trinken oder, wenn es deine Nerven beruhigt, sogar mal eine Rauchpause einzulegen. Natürlich in Absprache mit deiner Partnerin und der Hebamme. In dieser Zeit kannst du dich sammeln, tief Luft holen, Emotionen rauslassen oder einfach Freunde und Bekannte updaten, wenn du möchtest.

- Ja, Männer können ebenfalls den Babyblues haben. Man sagt zwar, dass meistens Frauen nach der Geburt in eine melancholische oder depressive Verstimmung kippen können, aber auch Männer können, von den Gefühlen überwältigt, Zweifel und massive Unsicherheit packen und Tränen der Geburt folgen. Das ganze Ereignis war schließlich ein kompletter Ausnahmezustand, das kann einen schon etwas aus der Bahn werfen. Das ist O.K. Sprich mit deiner Partnerin über deine Gefühle und unterstützt euch gegenseitig. Auch ein Gespräch mit anderen Vätern kann einen wieder aufrichten. Manchmal braucht es aber etwas mehr: Dann holst du dir noch direkt in der Klinik oder später bei der Hebamme, im Hebammenzentrum oder bei der Väter-/Männerberatung Rat und Hilfe.

Was passiert eigentlich bei einem Kaiserschnitt?

Hast du dich schon mal gefragt, wo der Begriff „Kaiserschnitt“ überhaupt herkommt? Wikipedia weiß Folgendes zu berichten: „Laut dem römischen Schriftsteller Plinius sei Caesar, der erste Träger dieses Namens, aus dem Mutterleib geschnitten worden. Den Namen Caesar soll er angeblich deshalb bekommen haben. Johannes Melber formuliert dazu 1482: „Cesar keiser, sic dictus, quod ex ventre matris cesus“ („Cäsar, Kaiser, so genannt, da er aus dem Bauch der Mutter geschnitten“). Cesus (= caesus, ‚geschnitten‘, von caedere, ‚hauen‘, ‚schneiden‘). Da aus Caesar das Wort und der Begriff Kaiser entstand, wurde aus der sectio caesarea („cäsarischer Schnitt“) das Wort Kaiserschnitt. Im englischen Sprachraum heißt der Eingriff noch heute Caesarean section.“ Dass man Wikipedia nicht immer trauen kann, zeigt dieser Eintrag. Denn diese Geschichte ist nur eine Legende, sie ist aber nicht als solche gekennzeichnet. Einerseits durften solche operativen Geburtshilfen nach römischem Recht nur bei toten Frauen vorgenommen werden und Caesars Mutter lebte nach dessen Geburt nachweislich munter weiter. Andererseits verstarben Frauen nach einem solchen Eingriff eigentlich immer an inneren Blutungen oder Infektionen. Der erste dokumentierte Eingriff, bei dem auch die Mutter überlebte, ist auf das 15. Jahrhundert datiert.[14] Trotzdem: Die Bezeichnung Kaiserschnitt hat sich gehalten.

Die Zahl der Kaiserschnitte ist in den letzten Jahren sowohl in Deutschland als auch in Österreich laufend gestiegen. Heute sind in diesen beiden Ländern etwas mehr als 30 Prozent der Geburten Kaiserschnitt-Geburten. Dies ist ein sehr hoher Wert, der nicht unbedingt gerechtfertigt ist. Aber was passiert überhaupt bei einem Kaiserschnitt?

---

14 Solches und ähnliches mehr oder weniger wichtiges Wissen findest du in Simone Panteleits Buch *Warum Socken immer verschwinden und wohin.*

Bevor es zum Schnitt im OP kommt, bekommt deine Partnerin Anti-Thrombose-Strümpfe und sollte nicht schon ein Venenzugang gelegt worden sein, dann wird dies spätestens jetzt passieren. Über diesen bekommt sie später Schmerzmittel und Kochsalzlösung verabreicht. Sollte sie im Schambereich nicht rasiert sein, dann wird dies nun im oberen Bereich gemacht, damit die Haare bei der OP nicht im Weg sind. Ziemlich sicher wird auch ein Blasenkatheter gelegt. Man weiß ja nie. Kurz vor der OP gibt es dann die Betäubung und deine Partnerin wird auf den Operationstisch gebracht. Arme und Beine werden dabei fixiert, da es sein kann, dass Menschen unter Betäubung manchmal unkontrollierte, ruckartige Bewegungen machen. Das ist jetzt nicht erwünscht. Gleich nach dem Eingriff werden Arme und Beine aber wieder losgemacht. Dann kommt ein Sichtschutz über den Bauch, damit deine Partnerin nicht in ihren eigenen Bauch sehen kann und kein Schock ausgelöst wird. Schließlich der Check: Richtige Operation? Richtige Patientin? Wenn alles passt, dann geht es eigentlich – vor allem im Vergleich zur natürlichen Geburt - sehr schnell.

Es wird ein circa fünfzehn Zentimeter langer Schnitt gesetzt, manchmal wird geschnitten und gerissen, da gerissenes Gewebe später viel besser verheilt als geschnittenes. Durch Haut-, Gewebe- und Muskelschichten hindurch wird schließlich das Baby aus dem Bauch der Mutter geholt. Deine Partnerin wird aufgrund der örtlichen Betäubung von all dem relativ wenig spüren. Ist das Baby draußen, muss noch die Plazenta geholt werden, ehe alles wieder zugenäht wird. Dies dauert bei diesem ganzen Prozedere am längsten. Nun ist die Geburt schnell verlaufen, das Verheilen der Narbe wird aber dauern, kann auch sehr schmerzhaft sein und geht mit eingeschränkter Bewegungsfreiheit einher. Hier bist du umso mehr gefordert, denn deine Partnerin wird deine Unterstützung benötigen, um stressfrei genesen zu können.

Der Kaiserschnitt – geplant oder ungeplant?

Übrigens macht es einen großen Unterschied, ob ein geplanter/primärer Kaiserschnitt durchgeführt wird oder ein ungeplanter/sekundärer Kaiserschnitt. Es gibt medizinische Gründe, die einen geplanten Kaiserschnitt notwendig machen. Dazu zählen die geplante Geburt von mindestens Drillingen, wenn es davor bereits Kaiserschnittgeburten gab, wenn die Plazenta vor dem Muttermund liegt und so eine natürliche Geburt mit hohen Risiken einhergeht und natürlich, wenn das Baby in Querlage im Mutterleib liegt, manchmal auch bei Steißlage. Als nichtmedizinischer Grund für einen Kaiserschnitt gilt der Wunsch der Mutter nach einem solchen, da es große Angst vor Geburtsschmerzen gibt. Dazu muss aber gesagt werden, dass ein Kaiserschnitt ein bedeutender operativer Eingriff und somit immer auch mit Risiken verbunden ist. Ein geplanter Kaiserschnitt wird immer mit größtmöglicher Ruhe durchgeführt.

Anders sieht es beim ungeplanten oder sekundären Kaiserschnitt aus. Zu diesem entscheiden sich Ärzte kurzfristig, wenn sich zum Beispiel der Herzschlag des Kindes stark verändert und somit die Sauerstoffversorgung nicht mehr gegeben ist, oder wenn es zu einem Geburtsstillstand (Wehen hören auf, Mutter ist zu erschöpft) kommt. Um Langzeitfolgen oder dauerhafte Schäden vom Kind abzuwenden oder sogar den Tod zu verhindern, kann der Kaiserschnitt der rettende Eingriff sein.

- In Österreich sind etwa 50 Prozent der Kaiserschnitte primäre und die andere Hälfte sekundäre. Weitere Infos rund um das Thema Kaiserschnitt erhältst du auf der Seite der Geburtsallianz Österreich: geburtsallianz.at/kaiserschnitt

Als Eltern habt ihr natürlich das Recht, zu erfahren, was gerade passiert. Gerade wenn etwas Unvorhergesehenes eintritt, muss schnell reagiert werden. Ich habe das im Kreißsaal erlebt. Allein an der Stimmung der Hebamme oder der Ärzte, an ihren Sorgenfalten im Gesicht, wenn sie auf das CTG schauen oder an der Art ihrer Bewegungen spürt man auch als Laie, wenn etwas nicht so läuft, wie es eigentlich sollte. Frage nach und lass dir bzw. lasst euch erklären, was los ist und was getan wird. So lassen sich beängstigende Gefühle und der Eindruck, nicht zu wissen, was passiert, schnell mit Fakten vertreiben. Dies sorgt dann wieder für Entspannung, Ruhe und dass die Panik verfliegt. Sprich auch mit deiner Partnerin über deine Eindrücke und Ängste und lass sie wissen, dass du ganz nah am Geschehen dabei bist, auch emotional.

Heimkommen – ankommen

Hallo Papa! Ja, das bist du jetzt, auch wenn es sich vielleicht noch etwas ungewohnt anfühlt, aber das wird sich langsam ändern. Du hast gerade etwas Großartiges, die Geburt deines Kindes, erlebt. Die Tage rund um die Geburt sind so intensiv, dass sie rückblickend oft zerrinnen wie Eiswürfel in einem guten Glas Whiskey. Ihr seid nun eine kleine Familie und du nicht nur Mann, Sohn oder Bruder, sondern jetzt auch Vater. Was gibt es Schöneres? Ich gratuliere dir von ganzen Herzen und heiße dich im Klub der Väter willkommen!

Du warst bei der Geburt wahrscheinlich dabei und egal, wie diese verlaufen ist, eine Geburt ist immer eine Grenzerfahrung und sie berührt die Seele. Eine Geburtserfahrung macht etwas mit Menschen. Ihr habt also bereits eine lange Reise durch die Schwangerschaft hinter euch, eine aufregende Geburt erlebt und nun geht es eigentlich erst richtig los. Und genau dieser Umstand kann Panik auslösen, vor allem, da alles noch so neu und ungewohnt ist. Wichtig ist zum Beispiel das Ankommen zu Hause, denn ihr seid zu zweit losgefahren und kommt jetzt – sofern es keine Mehrlingsgeburt gab – zu dritt zurück. Die kommende Zeit wird großartig und aufregend. Möglicherweise erschrickst du vor der großen Aufgabe und Verantwortung, aber mit etwas Engagement, Einsatz und Geduld wirst du in deine neue Rolle als Vater wunderbar hineinwachsen, ich verspreche es dir.

Ratgeber für Eltern und den Umgang mit dem Neugeborenen gibt es wie Sand am Meer. Ich möchte dir hier ein Standardwerk vorstellen, welches seit 1994 durchgehend überarbeitet und neu aufgelegt wird und das breite Anerkennung in Fachkreisen genießt. Das Buch *Die Hebammen-Sprechstunde* von Ingeborg Stadelmann weiß für fast jede Situation Rat und bietet Hintergrundwissen, um Eltern zu helfen und sie rund um die Geburt und die Zeit danach zu begleiten. Schau doch einmal rein oder lest gemeinsam im Werk.

Sich aneinander gewöhnen

Einer meiner ersten Gedanken nach der Geburt meines Sohnes war: „Oh mein Gott, ist der klein und zart, ich hoffe, ich tu ihm nicht unabsichtlich weh, wenn ich ihn anfasse oder hochhebe.“ Solche und ähnliche Gedanken haben wohl viele Männer und Eltern überhaupt, aber ich kann sie gleich zerstreuen. Babys sind robust. Das müssen sie sein, denn sie werden durch einen engen Geburtskanal geschoben und gedrückt. Dennoch hat man erst mal größten Respekt vor diesem kleinen Leben, wenn man die ersten Male davorsteht und versucht es an- oder auszuziehen oder Windeln zu wechseln. Ich wagte kaum es anzugreifen, zögerte, als wenn es darum ginge, heiße Erdäpfel beim Grillen aus dem Feuer zu holen. Mit der Zeit bekommt man ein Gefühl und eine Routine für den Umgang. Und in der Klinik werden euch die richtigen Griffe (Kopf immer stützen!) und Tricks gezeigt, wie es leichter geht. Auch die Hebamme steht euch beratend zur Seite. Nutzt die Angebote und im Laufe der Zeit wird mit Vorsicht und Übung alles leichter und routinierter werden.

Gleich vorweg einige Punkte, mit denen ihr bei keinem Baby etwas falsch machen könnt und die euch beim Ankommen helfen werden.

- Babys lieben Körperkontakt und Nähe. Euren Herzschlag, Hautkontakt, euren Duft und natürlich gestreichelt zu werden. Damit können sie auch beruhigt werden und es hilft ihnen, zu entspannen. Durch dieses Umsorgen verwöhnst du deinen Nachwuchs nicht. Du versorgst ihn genau mit dem, was er und seine Sinne benötigen.
- Neun Monate lang hörte euer Baby das Rauschen von Mamas Blut und ihren Herzschlag. Ein Rauschen kann auch jetzt noch unglaublich beruhigend auf das Neugeborene wirken. Fön, Staubsauger, Dunstabzug oder entsprechende Online-Playlists helfen euch weiter.

- Babys mögen Bewegung, denn diese ist ihnen aus dem Bauch vertraut. Sie lieben es deshalb auch, herumgetragen oder leicht geschaukelt zu werden.
- Im Bauch hat es an seinem Daumen genuckelt und der Saugreflex ist nach wie vor lebensnotwendig. Deshalb kann ein Schnuller zur Beruhigung und Entspannung eingesetzt werden. Achtet aber auf die Qualität des Schnullers, und anders als bei unserer Elterngeneration praktiziert muss der Schnuller nicht rund um die Uhr in den Mund gesteckt werden, sofern ihr keinen Schnullerjunkie großziehen möchtet. Dann ist später das Abgewöhnen auch leichter. Zuviel des Guten oder mindere Qualität kann sich auch auf die spätere Kiefer- und Zahnentwicklung des Kindes negativ auswirken.

Sich um all die Bedürfnisse eures Nachwuchses zu kümmern, kann sehr anstrengend sein und der erste Gedanke, der Anna und mir kam, war die Frage, wie Alleinerziehende dies alles auf die Reihe bekommen. Größter Respekt! Wenn ihr aber ein Team seid, dann könnt ihr euch bei vielen Aufgaben auch abwechseln. Wenn das Baby zum Beispiel einen schlechten Tag hat und viel weint oder schreit, muss es nicht immer eine Person herumtragen und zu beruhigen versuchen. Wechselt euch ab. Helft euch gegenseitig, denn auch du als Mann bist hier gefordert. Die nächsten Wochen und Monate werdet ihr euch langsam aneinander gewöhnen, euch kennenlernen und auf einen Rhythmus und Alltag hinarbeiten.

Neugeborene kennen den Unterschied zwischen Tag und Nacht noch nicht. Sie schlafen zwar sehr viel – bis zu 18 Stunden am Tag –, aber meistens nur wenige Stunden am Stück. Unser Sohn hat ganze zwei Monate gebraucht, bis er mehr als zwei Stunden durchgehend geschlafen hat. Im Bauch der Mutter sind Babys permanent mit Wärme und Nahrung versorgt. Nun weckt sie der Hunger und ihr Bedürfnis nach Zuneigung alle paar Stunden. Im Schlaf verarbeitet euer Schatz die vielen neuen Eindrücke und bekommt Energie für das rasante Wachstum, welches das Baby nun hinlegt. Im Laufe der Zeit könnt ihr beginnen, einen Tag-Nacht-Rhythmus zu etablieren. Das wird euch leichter fallen, wenn der Tag anders abläuft als die Nacht. Untertags wird gespielt, gekuschelt, herumgetragen und Körperpflege betrieben. In der Nacht wird nur bei gedämpftem Licht gewickelt und gefüttert. Auch der Schlafplatz sollte untertags ein anderer sein als nachts. Ein Schnuller kann beim Einschlafen helfen und beruhigen.

Im Umgang mit eurem Baby wirst auch du als Vater einen ganz eigenen Stil entwickeln. Jetzt macht es sich wieder bezahlt, dass du dich auf diese Zeit gedanklich und in Gesprächen vorbereitet hast. Schon jetzt kannst du dich mit dem Kleinen beschäftigen, spielen, eine Beziehung aufbauen. Es lohnt sich, sich dafür die Zeit zu nehmen, denn - ich schwöre es dir - sie werden wirklich unglaublich rasch groß. Die Zeit kann man aber nicht zurückholen, also nutze und genieße die Momente mit deinem Baby. Ganz abgesehen davon freuen sich auch Babys über Abwechslung. Immer mit der Mama spielen ist auf Dauer einseitig. Mit dem Papa ist das genauso toll.

Geduld und Gerüche helfen

Geduld ist das Wort der Stunde. Sei geduldig mit deinem Baby, mit dir selbst und deiner Partnerin. Die ersten Wochen nach der Geburt sind nämlich nicht nur eine außergewöhnlich schöne Zeit, es ist auch eine außergewöhnlich anstrengende Zeit, in der ihr euch neu orientieren, organisieren, einspielen und absprechen müsst.

Die Sehfähigkeit eures Babys ist nach der Geburt noch eingeschränkt. Dafür funktionieren das Fühlen, Riechen und Schmecken schon sehr gut, und auch das Hören entwickelt sich schnell, weshalb Vorsingen immer eine gute Idee ist, egal, wie gut oder schlecht du das kannst. Gleich nach der Geburt sucht das Baby Körpernähe und Wärme. Es sucht nach dem vertrauten Geruch der Mutter und jede Mutter hat ihren individuellen Geruch. Speziell die Brust duftet über die sogenannten Montgomery-Drüsen vertraut. Du kannst zwar nicht stillen, aber du kannst auch Körperwärme, Nähe und Geborgenheit geben. Also kuscheln, kuscheln, kuscheln.

- Wusstest du, dass Menschenkinder zwar fit und lebensfähig auf die Welt kommen, aber eigentlich noch ein „viertes Schwangerschaftsdrittel" nötig wäre, damit sie sich komplett fertig entwickeln können? Dann würden sie aber mit ihrem großen Kopf nicht mehr durch Muttermund und Geburtskanal passen. Also müsst ihr ihm als Eltern nun das bieten, was bisher Mamas Bauch, Babys bisheriges Zuhause, geboten hat: Nähe, Geborgenheit, Wärme und Nahrung rund um die Uhr.

Ich dachte ja immer, es sei ein Klischee, das hormonell unausgeglichene Eltern in die Welt gesetzt haben, aber es stimmt: Babys riechen richtig gut. Aktuelle Studien[15] haben gezeigt, dass nicht nur das sogenannte Kindchenschema, also kindliche Proportionen, der rundliche Kopf, die großen Augen, Stupsnase und das kleine Kinn wie ein Schlüsselreiz wirken und damit einen nachhaltigen Einfluss auf die emotionale Bindung der Eltern an ihr Kind haben. Auch Geräusche, die das Baby macht und sein Geruch fördern die Bindung und lösen bei den Eltern den Drang aus, das Baby zu umsorgen, zu füttern und zu beschützen. Der Geruch deines Babys hängt wiederum mit

15 Die gesamte Studie findest du unter diesem Link: www.sciencedirect.com/science/article/abs/pii/S1364661316300420

der Nahrung zusammen, die es erhält. Gestillte Babys riechen anders als solche, die Zusatznahrung über ein Fläschchen bekommen. Und der Geruch wird sich spätestens, wenn Beikost gefüttert wird, „normalisieren". Sollte euer Baby säuerlich riechen, solltet ihr es einmal ordentlich waschen (Falten und hinter den Ohren nicht vergessen).

Dir wird beim Umsorgen deines Babys bald auffallen, wieviel Müll man rund um ein Neugeborenes produziert. Eine Welt, in der Babys möglichst nicht mit Plastik in Berührung kommen, scheint undenkbar. Hier sind wir dann auch schon bei Umweltgiften und Weichmachern und es schließt sich der Kreis zum Thema Unfruchtbarkeit. Vom Stofftier aus Polyester über Plastikflaschen zum Plastikbesteck und Plastikbechern. Auch die meisten Hygieneartikel für den täglichen Bedarf, wie Windeln und Feuchttücher, beinhalten etliche Kunststoffe und sind nicht nur eine starke Belastung für die Umwelt, sondern auch der Gesundheit des Babys nicht förderlich. Die gute Nachricht aber ist, dass es in der Zwischenzeit wieder vermehrt Babyprodukte aus zertifizierten Naturstoffen, wie zum Beispiel Holz, Leinen oder Baumwolle gibt. Eltern, die auf Bioprodukte, nachhaltige Materialien, Recycling und Up-Cycling setzen, werden in etlichen Blogs und auf allen Social-Media Plattformen fündig. Klar, die meisten dieser Produkte sind teurer und in der Handhabe aufwendiger, dafür aber wesentlich umweltschonender und nachhaltiger. Windeln sind da so ein Beispiel. Wenn ich die ganzen vollgeschissenen Einwegwindeln, die mein Sohn im Laufe eines halben Jahres produziert, auf einen Haufen werfe, dann würden wir in unserer Wohnung im ersten Stock des Hauses nicht mehr aus den Fenstern sehen. Verwendet man hingegen Baumwollwindeln, spart man sich diese Müllproduktion. Dafür bedarf es etwas Übung, die Baumwollwindel richtig zu binden und natürlich muss diese nach jedem Benutzen ausgewaschen werden. Daran muss man sich auch erst einmal gewöhnen und mehr Zeit benötigt man dafür natürlich auch.

- Wenn ihr wenig oder gar keine Spielsachen aus Plastik für euer Baby geschenkt bekommen wollt, dann lasst dies eure Freunde, Bekannten und Verwandten auch rechtzeitig wissen. Die meisten denken sich nicht viel dabei, wenn sie Plastikbeisringe oder Polyesterstofftiere schenken. Ihr müsst diese dann nicht heimlich entsorgen. Auch für Plastiktrinkflaschen gibt es Ersatz aus bruchsicherem Glas.

Nach dem großen Event – das Wochenbett

Als Wochenbett bezeichnet man die acht Wochen nach der Entbindung, bei Mehrlingsgeburten werden die acht Wochen sogar verlängert. In dieser Zeit genießt die Mutter besonderen Schutz. Nun geht es darum, sich zu erholen, daheim anzukommen, sich an die neue Lebenssituation zu gewöhnen und zu orientieren. Denn genauso stark wie sich der weibliche Körper vor der Geburt verändert hat, genauso stark verändert er sich nun erneut, und das ist richtig anstrengend. Es bilden sich viele schwangerschafts- und geburtsbedingte Veränderungen zurück, dafür setzt die Milchbildung ein und Verletzungen, die im Zuge der Geburt entstanden sind, können nun verheilen. Die Gebärmutter verkleinert sich wieder, auch die Haftstelle der Plazenta (Mutterkuchen), welche nach der Geburt eine Narbe hinterlassen hat, heilt nun. Dabei kommt es zu blutigen Absonderungen bzw. Ausscheidungen, den sogenannten Wochenfluss. Auch die Brüste verändern sich wieder, denn nun geht es um die Milch! Dazu aber im nächsten Kapitel mehr.

Auch der Hormonhaushalt stellt sich wieder um, was mit emotionaler Labilität oder erhöhter Sensibilität einhergehen kann, aber nicht muss. Freu dich, wenn's entspannt zugeht. Aber auch Männer können von melancholischem Babyblues betroffen sein. Nach der emotionalen Anstrengung können einem nun alle möglichen Gedanken überfallen: dass man für das Baby nicht gut genug wäre, nicht genug zu bieten hätte oder diesen kleinen Schatz gar nicht verdient hätte. Das ist natürlich Blödsinn, bedarf aber trotzdem einer Verarbeitung und Aussprache, wenn man am Emotrip nicht hängen bleiben möchte.

Für Ruhe und Erholung sorgen

Das Wochenbett bedeutet, wie der Name schon sagt, viel Ruhe und Erholung für die Mutter und ihren Körper, es bedeutet aber nicht, dass sie wochenlang im Bett liegen muss. Gerade hier verbirgt sich eine Herausforderung für viele Paare und ihre Rollenaufteilung. Denn jetzt bist wirklich du gefordert. Idealerweise befindest du dich schon im Papamonat, hast dir frei genommen, Zeitausgleich oder deine Arbeitszeit verkürzt, um deine Partnerin oder Frau zu unterstützen.

Ein Neugeborenes ist viel Arbeit und ganz nebenbei muss der Haushalt geschmissen und der „Parteienverkehr" mit Freunden und Verwandten organisiert werden. Deine Partnerin darf sich nun nicht anstrengen und auch keine schweren Sachen tragen. Dazu zählen natürlich auch schwerer Hausmüll und Wäsche. Das übernimmst nun du bzw. du und euer Netzwerk. Darauf komme ich nochmal zu sprechen.

Nebenbei ist aber auch für dich Zeit, um Kontakt mit deinem Nachwuchs zu pflegen. Klar, wenn das mit dem Stillen funktioniert, ist das Baby oft bei der Mutter, aber auch du kannst mit dem kleinen Schatz kuscheln, ihn herumtragen, ihm die Welt zeigen und bei der langsamen Erkundung zur Seite stehen. Du hast eine Plattensammlung oder spielst selbst ein Instrument?

Großartig! Spiel deinem Baby Musik vor, es entdeckt die Welt auch mit den Ohren. Aber du kannst natürlich auch Windeln wechseln, das Baby baden oder waschen, es bettfertig machen oder morgens die Tagesstrampler anziehen. Manchen Müttern fällt es schwer, ihr Kind aus den Händen zu geben, aber du bist nicht nur Reinigungskraft, Koch und Butler, nein, es steht dir als aktivem Papa zu, Zeit mit dem Baby zu verbringen, es zu füttern, wenn es ein Fläschchen gibt, ihm vorzulesen oder vorzusingen, es zu halten, zu tragen oder im Kinderwagen spazieren zu fahren. Diese Zeit ist somit auch eine Zeit, in der die Zuständigkeiten und Verantwortlichkeiten in eurer Beziehung aufgeteilt, erprobt und verhandelt werden. Frauen, die einen involvierten Mann und Partner an ihrer Seite haben wollen, werden verstehen, dass dies bedeutet, den Papa mal machen zu lassen und ihm Zeit mit dem Baby zuzugestehen. Dies bringt es mit sich, dass heute mehr Absprache und Organisation mit dem Partner notwendig ist, da eben zwei Personen, Mutter und Vater involviert sind, mitsprechen und gemeinsam Entscheidungen treffen wollen. Dies benötigt Zeit, offene Kommunikation und Austausch. Man könnte sagen, dies ist Arbeit, denn eine Beziehung zum Baby fällt nicht vom Himmel, sie muss aufgebaut und gepflegt werden. Aber ein eingebundener Vater ist auch ein glücklicher, entspannter Vater, der mit unzähligen wunderschönen und einzigartigen Momenten belohnt wird. Momente zum Beispiel in der Entwicklung des kleinen Schatzes, die nur ein anwesender Vater mitbekommen kann. Momente, die das Leben ausmachen, die süß sind wie Erdbeeren und doch so vergänglich, weil das Kleine so schnell groß wird. Da du bei der Um- und Versorgung eures Babys mitmachst, kannst du auch mitreden und mitdiskutieren. Nicht nur Mama kann über Belange das Baby betreffend Auskunft geben und qualifizierte Entscheidungen treffen, auch du kannst das. Am besten aber macht ihr das gemeinsam. Das ist wiederum eine Sache, die für die Verwandtschaft mit konservativerem Rollenbild auch heute noch ungewöhnlich sein wird. Glaube mir, du wirst Situationen erleben, die du im 21. Jahrhundert nicht für möglich gehalten hättest. Zumindest ist es mir so ergangen.

- Beide Elternteile sind nun besonders gefordert. Fast alles dreht sich um das Neugeborene. Damit du deine Aufgabe als Vater und gleichberechtigter Partner aber gut ausfüllen kannst, ist es manchmal notwendig, Abstand zu gewinnen oder einen Tapetenwechsel zu erleben. Ab und an PlayStation zocken, Pokern oder sich einfach so auf ein Bier und gute Gespräche mit Freunden treffen muss drin sein, sonst fällt einem die Decke auf den Kopf. Schau auf dich und deine Bedürfnisse. Selbiges gilt umgekehrt natürlich für deine Partnerin. Wichtig dabei ist aber: Vereinbare eine Zeit, zu der du wieder nach Hause kommst und halte dich an diese. Mit einem Baby dazusitzen und darauf zu warten, dass der Partner wiederkommt, kann sehr deprimierend sein.

- Windeln wechseln hat einen schlechten Ruf, es ist aber weit weniger schlimm als oft angenommen. Es zu lernen, ist wie Auto fahren lernen. Am Anfang, wenn man es noch nie gemacht hat, kann man sich überhaupt nicht vorstellen, wie das funktionieren soll. Wenn man es aber regelmäßig übt, kann man es irgendwann im Schlaf, man macht die Bewegungen automatisch. Eine Fähigkeit, die zu können es sich lohnt.

Aktiviert euer Netzwerk

Vieles ist nun neu für euch, aber ihr müsst nicht alles allein schaffen. Wenn ihr wollt und die Möglichkeit dazu habt, dann könnt ihr jetzt – wie bereits oben angesprochen – euer Netzwerk aktivieren. Es gibt vielleicht Oma oder Opa in der Umgebung,

Freunde oder vertrauenswürdige Bekannte und Nachbarn, die euch mit Ratschlägen oder beim Einkauf, Babysitten, Kochen, Gartenarbeit etc. unterstützen können. Auf der anderen Seite ist dies nun eine Zeit, in der ihr sehr viel mit euch und dem Baby beschäftigt seid. Auch du als Vater brauchst einmal eine Pause. Überlege dir also gut, wen du nun in der Wohnung oder in eurem Haus haben möchtest und wen nicht. Gerade in der Wochenbettzeit wird es jeder verstehen (müssen), dass deine Partnerin und du nicht immer Zeit, Lust und die Energie für Besuch habt.

Dazu kommt ein weiteres Thema: Rund um die Geburt und danach werden viele Smartphones auf dein Baby gerichtet werden. Oma, Opa, Verwandte, Freunde und Bekannte wollen ein Bild oder ein Video machen. Überlegt euch dazu ein paar Grundregeln, denn euer Kind weiß nicht, was da mit dem Handy passiert und was ein Foto oder Video ist. Es kann seine Rechte und Privatsphäre nicht schützen, das ist eure Aufgabe. Wenn ein Bild in Social-Media-Kanälen landet, dann habt auch ihr als Eltern die Kontrolle darüber verloren. Ihr wisst nicht, wer das Bild oder Video mit wem teilt und in welchen WhatsApp-Gruppen es landet. Ihr könnt es nicht mehr einfangen. Das gilt natürlich auch und besonders für Facebook und Instagram. Nichts leichter als ein solches Bild zu kopieren und anderweitig zu verwenden, Screenshot und fertig. Wir wollen nicht vom Schlimmsten ausgehen, aber auch kranke Geister surfen im Internet und manche haben es genau auf solche süßen Babyfotos abgesehen oder aber ein solches Bild landet auf irgendwelchen Werbeplattformen. Das wollen keine Eltern. Babyfotos in Social-Media-Plattformen sind einfach tabu. Spätestens in der Pubertät werden es euch eure Kinder danken.

- Sex im Wochenbett ist so eine Sache. Erst einmal gilt: Wenn sich deine Partnerin wohl fühlt und keine Beschwerden hat, ist dies natürlich möglich, allerdings empfiehlt es sich, sich vom Frauenarzt das O.K. zu holen. Sprecht auch darüber, ob ihr weiteren Nachwuchs möchtet und wann. Daraus ergibt sich die Frage nach der Verhütung: Zwar hat die Frau, während sie stillt, eine Art natürlichen Schutz vor dem Schwanger werden, auf den solltet ihr euch aber keinesfalls verlassen. Rate übrigens mal, was diesen „Schutz" auslöst!? Richtig, Hormone. Wer ein Kondom verwendet, verhütet nicht nur, er schützt seine Partnerin auch vor Infektionen in der Zeit nach der Geburt. Möglicherweise gibt es jetzt nach der Geburt aber auch einiges an neuen Empfindungen und sexuellen Vorlieben auszuprobieren und zu erkunden. Nähe muss nicht immer Sex sein. Lasst euch Zeit miteinander und genießt gemeinsam.

- Wusstest du, dass man im Mittelalter Frauen, welche im Wochenbett verstarben, als Wiedergängerinnen fürchtete? Man glaubte, dass die Verstorbene auf der Suche nach ihrem Kind ihr bisheriges Haus oder Personen, die mit ihr und der Geburt zu tun hatten, heimsuchen kann. In allen Religionen und Kulturen ist die Zeit nach der Geburt mit vielen Legenden, Mythen, Tabus und Regeln besetzt.

Glücklicherweise ist die Zeit des Aberglaubens vorbei. Heute gibt es in Österreich eine großzügige Regelung für die Betreuung von Frauen im Wochenbett durch Hebammen. Die Krankenkasse bezahlt mehrere Hausbesuche. Nutzt diese unbedingt, denn die Hebamme kann unterschiedliche Themengebiete und Untersuchungen abdecken. Dazu zählen unter anderem:

- Still- und Ernährungsberatung
- Gedeih- und Gewichtskontrollen des Neugeborenen
- Nabelpflege
- Kontrolle der Haut
- Neugeborenengelbsucht
- Durchführung von Prophylaxen (u. a. Vitamin K)
- Blutabnahme für Stoffwechselscreening (PKU-Test)
- Anleitung bei der Säuglingspflege
- Kontrolle der Ausscheidungen
- Kontrolle der Rückbildungsprozesse der Mutter
- Kontrolle von Geburtsverletzungen etc.[16]

Hilfe, das Baby schreit!

Von der Hebamme werdet ihr auch erfahren, dass es einige wenige Hauptgründe geben kann, wenn ein gesundes Neugeborenes schreit. Ich habe dies als recht beruhigend empfunden, denn einer der Punkte trifft meistens zu. Im Laufe der Zeit bekommt ihr dann ein Gefühl für das, was euer Baby braucht und will. Ihr werdet sogar unterschiedliche Arten des Schreiens oder Rufens auseinanderhalten können. Gründe für das weithin hörbare „Schallmeien" deines Babys können sein:

Problem	**Lösung**
Hunger (schreit)	Füttern
Müde (quengelt, schreit)	Ab ins Bettchen (Baby mag Gesellschaft)
Bauchschmerzen, Bauchdrücken, Bauchkrämpfe (schreit)	Bäuerchen machen oder Bauch massieren

16 Detailiertere Informationen dazu findest du auf www.hebammen.at/eltern/wochenbett

Nasse oder volle Windel (Code brown, schreit)	Windel wechseln. Nach der Geburt bis zu zehnmal pro Tag
Schwitzen oder kalte Hände, eine kalte Nase und/oder kalte Füße (schreit)	Luftiger anziehen bzw. Haube und Socken anziehen, kuscheln
Dem Baby ist langweilig, es will Gesellschaft oder fühlt sich allein (quengelt, schreit)	Kuscheln, tragen, hoppern und herzen, liebhaben

- Babys wollen etwas sehen, die Welt entdecken – sie lernen so jeden Tag. Darauf machen sie manchmal laut aufmerksam. Babys lieben Körperkontakt, und dazu zählt das Getragenwerden. Die Welt kennenlernen und Körperkontakt lassen sich mit einem Tragetuch hervorragend kombinieren. Es gibt dabei eine große Auswahl an unterschiedlichen Tragetüchern, die auch du als Papa nutzen kannst. Eure Hebamme hilft dir, das passende Modell auszuwählen. Mit einem solchen Tuch kannst du deinem Baby nahe sein und du hast trotzdem die Hände frei.
- Babys merken, wenn Mama und Papa gestresst sind. Eure Gemütslagen können sich auf das Baby übertragen. Manchmal schreien sie aber auch, wenn sie zu viel erlebt haben und die vielen Eindrücke sie überfordern. Dann ist mal Rückzug angesagt. Neue Reize werden dann nicht gebraucht.
- Sollte sich euer kleiner Schatz über einen ganzen Tag nicht beruhigen lassen, dann kontaktiert umgehend die Hebamme oder macht euch auf den Weg zum Kinderarzt.

Grundsätzlich lässt sich zum Thema Schreien sagen: Schreien ist das Kommunikationsmittel von Babys. Wie sonst sollen sie auf sich aufmerksam machen? Sie haben auch noch kein Gefühl für Zeit. Vergangenheit, Gegenwart, Zukunft. Ein Baby weiß noch nicht, ob die Eltern zurückkommen werden, wenn sie das Zimmer verlassen. Sein Vertrauen muss erst langsam wachsen. Jean Liedloff schreibt dazu: „Der Säugling lebt (wie ein Guru) im ewigen Jetzt." Wichtig: Dein Baby schreit nie, um dich zu ärgern, ein Baby hat keine Hintergedanken. Hinter dem lauten Schreien steckt immer ein Grund. Es ist eine Botschaft, auf die du als Vater bzw. ihr als Eltern rasch reagieren müsst. Dass dein Baby rund um die sechste Lebenswoche mit dem Lächeln und Lachen beginnen wird, wird eure Bindung unterstützen und viele stinkende Windeln und viel Schreien vergessen machen. Es wird das schönste zahnlose Lächeln sein, das du je gesehen hast, dein Herz wird dir übergehen. Mit jedem Lächeln aufs Neue, das verspreche ich dir.

- Ein spannendes und lehrreiches Buch, welches sich mit den frühen Kindheitsjahren auseinandersetzt und schon vor langer Zeit zu einem Standardwerk wurde, heißt: *Auf der Suche nach dem verlorenen Glück. Gegen die Zerstörung unserer Glücksfähigkeit in der frühen Kindheit.* Es wurde von Jean Liedloff verfasst und ist bei C. H. Beck erschienen.

- Sobald deine Freunde und Verwandten euer Baby sehen, beginnt das fröhliche „Wem-sieht-es ähnlich-Raten". Haben sich Mamas Gene durchgesetzt oder war Papas Material stärker? Das kann manchmal richtig nerven. Doch das Aussehen eures kleinen Schatzes wird sich in den nächsten Wochen und Monaten noch stark entwickeln und auch verändern. Auch die Augenfarbe kann in den nächsten Monaten noch wechseln.

Mit Ratschlägen umgehen

Ihr werdet nun von eurer Umgebung mit allen möglichen gut gemeinten Ratschlägen konfrontiert werden. Manche davon sind brauchbar, andere kompletter Müll. Einige dieser Schrott-Ratschläge möchte ich hier erwähnen und entzaubern, da sie sich, obwohl wissenschaftlich widerlegt, leider noch immer halten.

Du hast bestimmt schon gehört, dass man ein Baby, das viel schreit, einfach schreien lassen soll, dies sei gut für die Lungen und diene angeblich der Abhärtung des Babys. So soll es dann auch lernen, dass sich nicht immer alles um sich, das Neugeborene, dreht. Also ruhig einmal warten oder schreien lassen. Schließlich meinen viele, dass zu viel Körpernähe, Tragen oder Kuscheln mit dem Baby dieses verwöhnt und verweichlicht und deshalb vermieden werden sollte. Solche und ähnliche Tipps sind absoluter Humbug. Es sind Anleitungen zum nicht babygerechten Umgang und zur Frühtraumatisierung des kleinen Menschen. All diese Tipps haben aber eine gemeinsame Wurzel und auf diese möchte ich kurz eingehen.

Unsere Gesellschaft, auch unsere Generation, ist noch immer vom Nationalsozialismus geprägt. Auch wenn wir glauben, diese Zeit habe keinen Einfluss mehr in unserer Gesellschaft, strahlt nicht mehr nach wie Tschernobyl, weil das ja schon lange vorbei ist, wir irren uns leider. Die „Betonglocke" für NS-Gedankengut ist bald nach 1945 wieder löchrig geworden. Gerade die Babypflege und Kindererziehung sind zentrale Gebiete der rassistischen NS-Ideologie und NS-Propaganda gewesen. Denn all die unmenschlichen Vorstellungen, welche ich oben weiter genannt habe, lassen sich auf ein lange Zeit sehr populäres Buch im deutschsprachigen Raum zurückführen. Der Titel des Werkes lautet: *Die deutsche Mutter und ihr erstes Kind*. Es wurde 1934 von Johanna Haarer verfasst, millionenfach gedruckt und unters deutsche Volk gebracht. Haarer, seit 1937 Mitglied der NSDAP, war Ärztin und Autorin von auflagenstarken Erziehungsratgebern, die durchtränkt waren von der NS-Ideologie. Diese menschenverachtende Ideologie spiegelte sich damals natürlich auch im Umgang mit Neugeborenen und Kleinkindern wider. Von Geburt an sollte der Nachwuchs gestählt und abgehärtet werden. Das ist zwar ideologischer Blödsinn, dennoch fanden Haarers Vorstellungen vom Umgang mit Babys und Kindern Einzug in die Köpfe der Menschen. Nach 1945 wurden ihre Werke in leicht geänderter Form weitergedruckt und verkauft. Zwar wurden ideologisch belastete Begriffe entfernt – das Buch wurde 1945 unter dem überarbeiteten Titel *Die Mutter und ihr erstes Kind* neu aufgelegt –, an den Inhalten hat sich aber nichts geändert. Diese prägten Generationen und halten sich wie gesagt leider bis heute.[17]

Wahr ist vielmehr etwas anderes: „Das Baby fühlt und berührt, es träumt, macht Erfahrungen und reagiert. Die sinnlichen Wahrnehmungen sind die Wurzel jeder Erfahrung, durch die ein Kind die Welt verstehen lernt. Es nimmt seine Umwelt nicht mit einzelnen Sinnesorganen wahr, sondern mit seiner ganzen kleinen Persönlichkeit, zu der auch Gefühle, Erwartungen, Erfahrungen und Erinnerungen gehören. Dieses Zusammenspiel aus Wahrnehmungen und der Besinnung auf bereits Erfahrenes ist subjektiv und jeder Mensch bewertet Situationen unterschiedlich. Von Anfang an beeinflusst die Wahrnehmung die Persönlichkeit, ja den Charakter eines Menschen."[18] Sei also für dein Baby da, gib ihm Nähe und Zuwendung und habe Geduld mit ihm. Es wird wachsen, du wirst an der Aufgabe wachsen und eure Beziehung auch.

---

17 Einen großartigen Artikel zu den Nachwirkungen des Nationalsozialismus gerade im Feld der Babypflege und Kleinkinderziehung findest du auf Zeit-Wissen unter diesem Link: www.zeit.de/wissen/geschichte/2018-07/ns-geschichte-mutter-kind-beziehung-kindererziehung-nazizeit-adolf-hitler

18 Siehe lansinoh.de/mama-du-riechst-gut/

- Nicht nur die Geburt kann eine emotionale Achtbahnfahrt sein, auch die Wochen danach. Die Wochenbettdepression, auch Babyblues genannt, betrifft viele Frauen, aber auch Männer sind nicht automatisch immun. Bei deiner Partnerin stellt sich nun der Hormonhaushalt wieder komplett um, was sehr belastend sein kann. Stimmungsschwankungen und emotionale Instabilität können damit einhergehen. Darüber hinaus seid ihr beide mit einer gänzlich neuen Lebenssituation und neuen Aufgaben konfrontiert. Diese Belastung kann sich stark aufs Gemüt der Mutter und auch des Vaters niederschlagen. Von einer „postpartalen Depression" spricht man aber erst, wenn depressive Verstimmungen, Antriebslosigkeit und Trauer über längere Zeit anhalten. Diese sollte unbedingt behandelt werden. Egal, ob eine kurze oder lange Verstimmung: Eure Hebamme bietet sich immer als erste Ansprechpartnerin an.

Was nach der Geburt zu erledigen ist

Irgendwie nervig, da ist man gerade Vater geworden und schon muss man sich um alle möglichen bürokratischen Dinge kümmern. Aber auch das ist machbar. Wir gehen die wichtigsten Punkte durch und fangen bei der ersten nach der Geburt zu treffenden Entscheidung an: dem Vornamen. Denn solltet ihr als Eltern einen, sagen wir einmal, ausgefallenen Namen für euer Kind im Sinn haben, ist es ratsam, bereits vor der Geburt mit dem Standesamt Kontakt aufzunehmen, um herauszufinden, ob ein solcher Name auch genehmigt werden würde, damit es dann zu keiner zeitlichen Verzögerung kommt. Anders als z. B. in den USA gelten in Österreich bei der Vornamenvergabe einige Regeln. Offiziell heißt es dazu: „Bezeichnungen, die nicht als Vornamen gebräuchlich sind oder dem Wohl des Kindes abträglich sind, dürfen nicht in das Geburtenbuch eingetragen werden. Auch muss zumindest der erste Vorname des Kindes dem Geschlecht entsprechen.“[19] Ergibt Sinn, oder? Seid ihr euch als Eltern, was den Namen betrifft, einig oder ist das Kind unehelich geboren, reicht die Erklärung der Mutter zum Namen aus. Bei ehelich geborenen Kindern hingegen muss der die Erklärung abgebende Elternteil das Einverständnis des anderen Elternteils zusichern bzw. es muss gemeinsam am Standesamt erschienen werden. Könnt ihr euch nicht auf einen Namen einigen, was nicht so schlau wäre, oder unzulässige Vornamen angeben, wird vom zuständigen Standesamt das Pflegschaftsgericht kontaktiert.

Den Namen des Kindes eintragen lassen

Den Namen meldet ihr beim Standesamt. Im selben Durchlauf werden dort auch gleich alle weiteren Punkte geklärt werden. Dazu zählt natürlich der Familienname (siehe Kapitel „Einen Namen finden“). Leider haben nicht alle Eltern die freie Wahl, was das Standesamt betrifft, bei welchem man das Kind melden möchte. Nur verheiratete Eltern dürfen das Standesamt, welches sie für die Meldung bevorzugen, frei wählen. Unverheiratete Eltern müssen zu dem Standesamt in dem Bezirk, in dem das Kind geboren wurde. Sollte euer Kind also unerwartet irgendwo am Weg von einem Bundesland ins nächste zur Welt kommen, müsst ihr für die Meldung zum Standesamt in dem Bezirk, in dem euer Kind das Licht der Welt erblickte. Wenn es in eurem Bezirk kein Krankenhaus gibt und dementsprechend in einem anderen Bezirk entbunden wurde, dann müsst ihr nach der Geburt wieder dorthin fahren, um dort die Meldung zu machen. Das kann gerade nach der Geburt ein organisatorischer Aufwand sein und einiges an Kraft kosten. Wie es

19 www.oesterreich.gv.at/themen/familie_und_partnerschaft/geburt/3/3/Seite.182101.html

möglich ist, dass in Zeiten von Internet und Onlineamtswegen solche Zustände herrschen, hat mir bisher niemand erklären können. Es scheint sich dabei um eine staatliche Schikane und eine Benachteiligung von unverheirateten Paaren zu handeln.

Die Meldung beim Standesamt sollte unbedingt innerhalb von 40 Tagen nach der Geburt stattfinden. Ihr benötigt als verheiratetes Paar eure eigenen originalen Geburtsurkunden (von dir und deiner Partnerin) sowie eure Staatsbürgerschaftsnachweise. Wenn ihr eure Titel eingetragen haben wollt, dann auch die Urkunden über eure akademischen Abschlüsse mitnehmen. Schließlich natürlich noch die Heiratsurkunde. Sollte sich euer Wohnsitz im Ausland befinden, dann auch einen Meldezettel.

Solltet ihr nicht verheiratet sein, muss die Mutter persönlich zum Standesamt und du gehst mit, wenn du die Vaterschaft anerkennen und auch die gemeinsame Obsorge beantragen möchtest. Ihr nehmt beide eure originalen Geburtsurkunden mit, original Staatsbürgernachweise, Nachweise über akademische Titel und den Meldezettel, wenn sich euer Wohnsitz im Ausland befindet.

Sollte die Mutter geschieden oder verwitwet sein, muss auch die Heiratsurkunde der Vorehe und die Scheidungsurkunde bzw. Sterbeurkunde im Original mitgebracht werden. Solltet ihr nicht deutschsprachige Urkunden haben, muss entweder eine internationale Ausfertigung derselben oder eine Übersetzung durch einen gerichtlich beeideten Dolmetscher vorliegen.

Die Anerkennung der Vaterschaft und die Obsorge sind ganz wichtige Punkte. Wenn du im Leben deines Kindes mitreden möchtest, ein involvierter Vater sein möchtest, dann solltest du natürlich auch die Vaterschaft anerkennen. Die gemeinsame Obsorge kann auch zu einem späteren Zeitpunkt beantragt werden, es ist dafür aber die gemeinsame Anwesenheit der Eltern notwendig. Beachte allerdings, dass bei unehechen Kindern der Vater nur die gemeinsame Obsorge erhalten kann, wenn die Mutter zustimmt. Du hast dann noch die Möglichkeit, vor Gericht die gemeinsame Obsorge einzufordern. Besser wäre es aber, du verstehst dich mit der Mutter, damit es im Sinne des Kindes oder der Kinder gar nicht so weit kommen muss.

Was sonst noch ansteht

Wenn das alles erledigt ist, bekommt ihr sogleich die Geburtsurkunde von eurem Kind, die Meldebestätigung und einen Staatsbürgernachweis, wenn das Kind österreichischer Staatsbürger ist. Die Familienbeihilfe wird nun antragslos auf das von euch angegebene Konto überwiesen und die e-Card wird euch auf dem Postweg zugeschickt. Der Weg zum Standesamt ist also auch mit der Familienbeihilfe und der Meldung bei der Sozialversicherung bzw. Krankenkasse verbunden.

- Alle wichtigen Infos rund um zu erledigende Wege nach der Geburt sowie Formulare und Checklisten findest du auch auf dieser Seite: oesterreich.gv.at

Wenn euer Kind beim Standesamt gemeldet wurde, die Familienbeihilfe genehmigt ist und euer Baby eine e-Card erhalten hat, könnt ihr bei der Krankenkasse das Kinderbetreuungsgeld beantragen. Dafür gibt es ein eigenes Formular, welches du auf der Homepage des jeweiligen Versicherungsträgers findest.

Die Geburt muss von der Mutter auch bei ihrem bisherigen Arbeitgeber gemeldet werden. Dies ist wichtig für die Berechnung und den Erhalt des Wochengeldes, denn dieses wird vom bisherigen Arbeitgeber durch die Weitergabe der Meldung der

Mutter in Auftrag gegeben. Im Zweifel kann die Mutter bei der jeweiligen Krankenkasse nachfragen, ob der Arbeitgeber seiner Meldepflicht nachgekommen ist, damit das Wochengeld auch wirklich zeitgerecht bezogen werden kann.

Neben dem Weg zum Standesamt stehen außerdem die ersten Mutter-Kind-Pass Untersuchungen an. Die erste Untersuchung sollte innerhalb der ersten sieben Tage stattfinden und wird in der Regel noch in der Klinik durchgeführt. Zwischen vierter und siebenter Lebenswoche sollte dann unbedingt die zweite Untersuchung bei eurem Kinderarzt stattfinden. Beachte: Die Auszahlung des Kinderbetreuungsgeldes ist an die zeitgerechte Absolvierung der Untersuchungen gebunden. Welche dafür genau notwendig sind, findest du im Mutter-Kind-Pass. Bis zum fünften Lebensjahr des Kindes werden weitere Untersuchungen folgen. Dabei geht es nicht nur um Geld, sondern vor allem um das Wohl eures Kindes.

Ein paar Sicherheitstipps für den Haushalt

Manches aus dieser Liste wird dir banal erscheinen, aber der Vollständigkeit halber habe ich trotzdem die wichtigsten Tipps dazu gesammelt, worauf man mit einem Baby im Haushalt und in den ersten Monaten besonders achten sollte.

- Das Baby nie unbeobachtet am Wickeltisch liegen lassen. Bevor es ans Wickeln geht, einfach alles dafür Notwendige in Griffweite legen.
- Nie etwas Heißes neben oder über dem Kind essen, trinken oder tragen (auf diesen Gedanken bin ich gekommen, als ich meinen Sohn im Tragetuch mit Keksbröseln vollgekrümelt habe.).
- Egal, welchen Kinderwagen du kaufst: Er sollte stabil sein, nicht leicht vornüber oder seitlich wegkippen können und eine Bremse haben.
- Schnuller nicht mit einer langen Kette oder Kordel am Körper des Babys befestigen. Es kann sich verheddern, irgendwo hängenbleiben oder sich im schlimmsten Fall strangulieren.
- Das Baby niemals unbeaufsichtigt in der Nähe von Wasser lassen. Das gilt für Seen und Teiche ebenso wie für Bäche und die Badewanne. Ein Kleinkind kann in fünf Zentimeter tiefem Wasser ertrinken.
- Spätestens, wenn es krabbelt, solltest du alles wegräumen, was kleiner ist als ein Tischtennisball. Babys stecken sich alles in den Mund: Es besteht Erstickungsgefahr.
- In jedem Raum zumindest in Griffhöhe des Babys Kinderschutzsteckdosen verwenden.
- Eine der häufigsten Gründe für Verletzungen bei Kleinkindern sind Laufwagerl. Diese am besten gar nicht verwenden.
- Für Spielzeug gibt es eigene Gütesiegel. Spielzeug sollte zumindest mit dem CE-Zeichen versehen sein, um eine Mindestqualität zu sichern.
- Um Verbrennungen vorzubeugen, empfiehlt sich ein sogenanntes Herdschutzgitter. Induktionsherde jüngerer Generation benötigen diese aufgrund ihrer Funktionsweise nicht unbedingt.

- Eure Wohnung hat einen Balkon oder ein Fenster? Lasst euer Kind nie unbeaufsichtigt in die Nähe dieser Orte! Dazu zählen auch steile Treppen. Um vorzubeugen, kann man Fenster, Treppen und Balkone mit Schutzgittern sichern.
- Sinnvoll sind auch absperrbare Fenstergriffe und Fenstersicherungen.
- Lockere Regale, Kommoden und Kästen solltest du ordentlich befestigen.
- Putzmittel, Medikamente, Zigaretten und Alkohol immer verschlossen, am besten an höheren Stellen aufbewahren.
- Plastiksackerln unter Verschluss halten. Kinder benutzen diese gerne als (gefährliche) Spielzeuge.
- Das Baby in der Wippe nur auf den Boden stellen.

- Wenn du mehr über Unfallverhütung im Kindesalter erfahren möchtest, schau doch einmal bei der Seite von *Große schützen Kleine* vorbei.

- Wenn du mehr praktisches und weiterführendes Wissen zur Thematik suchst oder in einer Notsituation schnell und richtig reagieren möchtest: Das Rote Kreuz bietet spezielle Kurse für Erste Hilfe bei Kindern an.

Stillen

Viele, aber nicht alle Frauen sind in der glücklichen Lage, ihr Kind stillen zu können. Meistens braucht es dafür aber sowohl für die Mutter als auch für das Baby etwas Übung und Gewöhnung, bis es gut funktioniert. Das braucht Zeit und Geduld, denn Mama und Baby müssen sich dafür wohlfühlen. Und damit sind wir auch schon mitten in der Thematik, denn wenn es ums Stillen geht, scheiden sich die Geister und sogar die ausgeglichenste Hebamme kann richtig aufgeregt werden.

Lange war Muttermilch das einzige Nahrungsmittel für Neugeborene, ehe in der Mitte des 19. Jahrhunderts Fertigpräparate auf den Markt kamen und einen Siegeszug feierten. Erst in den letzten Jahren wurde die Muttermilch in Mitteleuropa wieder populärer. Das ergibt Sinn, denn es gibt kein vergleichbares künstliches Präparat, das besser für die Ernährung und Entwicklung von Säuglingen geeignet ist als Muttermilch. Bis heute.

Die Vorteile von Muttermilch:

- Sie steht jederzeit und zur richtigen Temperatur zur Verfügung, egal, ob zu Hause, im Urlaub oder unterwegs.
- Eltern wissen, dass das Baby genau die Nahrung bekommt, die es benötigt.
- Muttermilch ist gratis, wohingegen künstliche Babynahrung sehr teuer ist.
- Nichts ist besser für Babys Immunsystem.
- Du hast mal Ruhe, wenn das Baby gestillt wird.

Dass dein Baby Hunger hat, bemerkst du übrigens daran, dass es zu schmatzen beginnt und die Lippen entsprechend bewegt. Das sieht dann aus wie ein Speed-Junkie auf der Free-Tekk-Party oder dem Flex-Klo mit ordentlich Kieferstress.

Diese Bewegungen bezeichnet man beim hungrigen Baby als „stille Zeichen". Alle folgenden Zeichen sind dann nicht mehr still, will sagen, du wirst hören, wenn dein Baby Hunger hat, weil es schreien wird.

- Wusstest du, dass Babys nach der Geburt kurz Gewicht verlieren? Rund um den fünften Tag nach der Geburt sollte das niedrigste Gewicht erreicht sein. Dann nimmt es aber, wenn es gesund ist, wieder rasch zu. Im ersten Lebensjahr sollte sich das Geburtsgewicht verdoppeln.

Gleich nach der Geburt ist es zumeist schon möglich, das Kleine zu stillen. Die Milch der ersten Tage nennt man Kolostrum. Nach einigen Tagen kommt es dann zum eigentlichen Milcheinschuss. Irgendwann muss das Baby dann nur noch kurz schreien, manchmal genügt ein fröhliches Lachen und Mamas BH wird nass. Spätestens dann werdet ihr Bekanntschaft mit Stilleinlagen machen. In der Klinik habe ich übrigens erfahren, dass es auch sogenannte Still- oder Brusthütchen gibt, die zu Beginn helfen können. Das Baby entwickelt meistens sehr schnell einen ordentlichen Zug, wie Teenager beim Landjugendfest an der Bierbar. Das kann für die Mutter richtig schmerzhaft werden. Hydrogel-Pads und Brustwarzencremes können bei der Wundheilung helfen. Nach dem Trinken sollte das Baby ein Bäuerchen machen. Vor allem, wenn es schnell und gierig getrunken hat.

Es kann auch sein, dass das Baby nicht an der Brust trinken möchte. Unser Sohn bekam an der Brust meistens einen Schreianfall, da ihm alles viel zu langsam gegangen ist. Hier können elektrische oder manuelle Pumpen Abhilfe schaffen. Dann kann die Mutter auch auf Vorrat abpumpen. In der Regel gilt: Je öfter das Baby trinkt bzw. umso öfter abgepumpt wird, umso mehr Milch wird produziert. So kannst auch du deinem

Nachwuchs das Fläschchen geben. Elektrische Pumpen könnt ihr in der Regel in Apotheken ausleihen.

Ich möchte auch nicht ignorieren, dass es bzgl. des Stillens oft sehr unterschiedliche Meinungen gibt. Nicht jede Frau produziert genug Milch, um stillen zu können. Manchmal geht das mit dem Stillen auch nur für eine kurze Zeit. Wenn das dann nicht gleich so funktioniert, wie man sich das vorstellt, kann das für die Mutter sehr belastend sein. Gedanken kommen auf, dass man versagt, und als Mann machst du dir natürlich Sorgen, ob es dem Baby gutgeht und es sich gut entwickeln kann. Wenn die Erwartung und der Druck zu stillen zu groß wird, kann es erst recht sein, dass dies nicht funktioniert. Das habe ich in meinem Umfeld oftmals erlebt. Aber das ist kein Weltuntergang, man kann nichts erzwingen. Auch ein Baby, welches Folgemilch erhält, wird sich gut entwickeln. Bei der Stillberatung in der Klinik oder bei eurer Hebamme erhaltet ihr Tipps und Tricks, sowie Informationen zu Alternativen. Hebammen oder Fachpersonal, das versucht euch ein schlechtes Gewissen einzureden, wenn das Stillen nicht funktioniert und ihr deshalb die Erwartungen dieser Leute nicht erfüllt, solltet ihr wechseln.

So oder so, Stillen ist nicht nur Nahrungsaufnahme. Es fördert die Bindung von Mutter und Kind, denn auch beim Stillen sind Hormone im Spiel. Während des Stillens wird das Kuschelhormon Oxytocin ausgeschüttet. Wenn das mit dem Stillen funktioniert, hört die Milchproduktion solange nicht auf, bis abgestillt, also mit dem Stillen wieder aufgehört wird.

- Von der Einnahme der Nahrung durch die Mutter bis zu dem Zeitpunkt, an dem sich die Nährstoffe in der Muttermilch befinden, dauert es ungefähr sechs Stunden.

- Mit einem Verordnungsschein, den ihr in der Geburtsklinik oder auch beim Frauenarzt erhalten könnt, habt ihr für drei Monate die Möglichkeit, eine elektronische Milchpumpe gratis in einer Apotheke oder bei orthopädischen Einrichtungen auszuleihen oder auch zu mieten. Informiert euch im Vorhinein, ob und in welchem Umfang eure Krankenkasse die Kosten übernimmt. Eine manuelle und somit handliche Milchpumpe wäre eine Alternative dazu.

- Muttermilch ist kostbar: Bevor künstliche Säuglingsnahrung an Beliebtheit gewonnen hat, waren sogenannte Frauenmilchsammelstellen oder Frauenmilchbanken verbreitet. Heute nennt man diese Muttermilch „Humanmilch" und sie erlebt eine vermehrte Nachfrage. Manchmal hat eine Frau mehr Milch als ihr Kind benötigt. Bevor die Milch weggeschüttet wird, ist es möglich, diese abholen zu lassen. In Wien hat die Semmelweisklinik dieses Service bis 2019 inklusive steriler Flaschen angeboten. Nach dem Umzug der Geburtsstation in das Krankenhaus Nord im Juni 2019 wurde das Programm zum Glück weitergeführt. Mit der Milch werden Frühchen auf der Neonatologie im Wiener AKH aufgepäppelt. Mit einer ärztlichen Bestätigung könnt auch ihr die Milch bei Bedarf beziehen. Der Liter kostet momentan 7,50 Euro. Die WHO empfiehlt bei der Ernährung Neugeborener übrigens als erste Wahl die Gabe von Muttermilch. Als zweite Präferenz nennt die WHO Frauenmilch/Humanmilch – vor künstlicher Säuglingsnahrung.

- Wer viel trinkt, muss auch viel pinkeln. Da kann es auch mal passieren, dass der Strahl losgeht, wenn man gerade beim Windelnwechseln ist. Um dem Angepinkelt-werden vorzubeugen habe ich einen Tipp, der zumindest bei den meisten Buben funktionieren wird: Keep 'em busy. Wer nicht die Ruhe hat, kann auch nicht pinkeln. Also wenn du gerade beim Windelnwechseln bist und der kleine Stinker liegt ohne Windel vor dir, einfach mit Feuchttuch sauber wischen, gleich nach dem Wischen mit etwas schon vorbereitetem Baby- oder Bio-Olivenöl einölen. Den Kleinen nie untenrum unbeschäftigt rumliegen lassen, bis die frische Windel drauf ist und du wirst ziemlich sicher nicht zum Hydranten werden. In der warmen Jahreszeit tut es dem Baby natürlich auch gut, manchmal nackig zu sein. Apropos Wickeln: Ist dir mal aufgefallen, dass sich Wickeltische fast immer im Damenklo befinden? Wie soll man da als Mann die Windeln wechseln, ohne größeres Aufsehen zu erregen?

Was tun, wenn euer Baby krank ist? Und wie bemerkt ihr das überhaupt?

Babys reagieren schneller als Erwachsene mit körpereigenen Schutzmechanismen wie Fieber auf Erkrankungen. Fieber ist ein toller Abwehrmechanismus, weil durch höhere Temperaturen das eigene Immunsystem aktiver und effizienter wird und dadurch Viren oder bakterielle Infektionen besser bekämpfen kann. Gerade in den ersten drei Monaten sind Babys besonders anfällig für bakterielle Infektionen. In dieser Zeit reichen schon 38 Grad Fieber aus, und eine ärztliche Abklärung wird empfohlen. Ab dem vierten Lebensmonat bis zum 36. solltet ihr spätestens bei 39 Grad Fieber einen Kinderarzt konsultieren. Als Faustregel gilt aber gerade bei Babys: im Zweifel sofort zum Arzt.

Es gibt unterschiedliche Anzeichen, welche darauf hindeuten können, dass euer Baby „etwas ausbrütet". Um eine eindeutige Diagnose zu erhalten, müsst ihr aber natürlich immer zu einem Kinderarzt. Ein Baby, das (starke) Schmerzen, möglicherweise über Stunden, hat, kann einen „leeren" Blick bekommen. Es reagiert nicht oder gänzlich anders auf seine Umgebung als ihr es gewohnt seid. Hier ist Eile geboten, ab zum Arzt. Auffällig sind natürlich immer Verhaltensweisen, die für euer Baby ungewöhnlich sind. Es ist schläfriger als üblich und weinerlicher als sonst. Andere wiederum schlafen kaum und schreien viel, sind nicht zu beruhigen. Das Baby möchte dann am liebsten die ganze Zeit getragen werden. Möglicherweise trinkt euer Baby weniger oder es ist blasser als üblich, hat glasige Augen, eine heiße Stirn und heiße Hände

Fieber messen kann Aufklärung bringen. Wo die Temperatur am besten gemessen wird, darüber scheiden sich die Geister. Im Ohr oder an der Stirn kann es jedenfalls – trotz toller Messgeräte – zu Messschwankungen und somit Verzerrungen der tatsächlichen Temperatur kommen. Deshalb bietet sich die Achsel oder, wenn möglich, das Messen unter der Zunge an. Wenn es nicht anders geht, dann mit einem Digitalthermometer die Messung im Popo, also rektal, durchführen. Diese ist zwar besonders genau, steht aber auch im berechtigten Verdacht besonders unangenehm zu sein. Auch für Babys.

Um in einer solchen Situation schnell und selbstsicher reagieren zu können, könnt ihr prophylaktisch mit eurem Kinderarzt sprechen, was in diesem oder jenem speziellen Fall zu tun wäre.

Und noch etwas ist für die nachhaltige Gesundheit eures Babys wichtig: Schutzimpfungen. Allerdings war man in Europa so erfolgreich mit der Bekämpfung von gefährlichen Krankheiten durch Impfungen, dass viele Menschen glauben, ihren Kindern kann heute nichts mehr passieren. Das Gegenteil ist der Fall. Du willst nicht, dass dein Kind an einer tödlichen Infektion oder anderen Krankheiten stirbt oder mit Langzeitfolgen von solchen zu kämpfen hat? Dann lass es impfen. Besonders zu empfehlen sind: Diphterie, FSME, Hepatitis A und B, Masern, Mumps, Meningokokken – Meningitis, Keuchhusten, Pneumokokken, Kinderlähmung, Rotavirus, Röteln, Tetanus und Varizellen.

- Euer Baby hat verklebte Augen? Das ist in den ersten Wochen relativ normal. Am besten etwas Kochsalzlösung (gibt es in kleinen Ampullen speziell für Babys) auf ein Wattepad oder einen sauberen Waschlappen und von außen nach innen bis zur Nasenwurzel vorsichtig wegwischen.

- Das Buch *Babyjahre – Entwicklung und Erziehung in den ersten vier Jahren* des renommierten Schweizer Kinderarztes Remo Largo ist ein großartiges Standardwerk, in dem alle Themen rund um euer Baby ausführlich behandelt und erklärt werden. Natürlich auch diverse Krankheitsbilder und die empfohlene Reaktion auf diese.

Zeit für Mama und Papa als Paar

Euer Leben hat sich vor kurzem verändert. Euer Baby macht das Familienglück perfekt. Dennoch seid ihr nicht nur Eltern, ihr habt auch Bedürfnisse, die über das Umsorgen des Nachwuchses hinausgehen. Und das ist auch gut so. Diese Bedürfnisse ernst zu nehmen, ist ein wichtiger Baustein für eine lange und glückliche Beziehung, wie aktuelle Forschungen zeigen.[20]

---

20 Die folgenden Zeilen beziehen sich inhaltlich auf diesen Artikel: www.ze.tt/das-sind-die-4-wichtigsten-gruende-fuer-scheidungen/

Das Ziel für frischgebackenen Eltern ist es, als Familie so etwas wie Alltag zu etablieren. Kinder brauchen feste Strukturen, in denen sie sich bewegen und orientieren können und euer Tag wird durch fixe Abläufe planbar und übersichtlich. Dennoch kann man sich in diesem Alltag auch verlieren und ehe man es merkt, wird aus der Beziehung zu deiner Partnerin Alltag. Was mit Liebe begonnen hat, wird langsam langweilig, ja unausstehlich und endet irgendwann vor dem Scheidungsrichter. Soweit muss es nicht kommen, vor allem, wenn man weiß, welche Gründe den meisten Trennungen in der Gegenwart zugrunde liegen und was man dagegen tun kann. Noch vor zwanzig Jahren zählten Gewalt, Untreue und finanzielle Schwierigkeiten zu den Hauptgründen für Scheidungen. Diese spielen auch heute noch eine Rolle, aber gegenwärtig stehen tatsächlich Gefühle immer mehr im Mittelpunkt. Wer sich auf Dauer nicht geliebt, respektiert und gehört fühlt, ist heute eher bereit, eine Beziehung zu beenden. In einer Studie heißt es: „Die Ergebnisse untermauern weltweite Trends in Richtung steigender Wichtigkeit von emotionalen und psychologischen Aspekten in Beziehungen“[21]. Die vier Hauptgründe für Trennungen sind demnach:

Mangelnde Intimität und Nähe

Du musst hier nicht gleich an Sex und an sexuelles Performen denken. Auch Kuscheln oder vertraute Gespräche stellen Nähe her. „Viele Paare verlieren sich allerdings im Laufe der Jahre zwischen Erledigungen und Anforderungen des Alltags, gewöhnen sich aneinander oder verbringen so viel Zeit nebeneinander, dass sie sich nicht allzu viel zu sagen haben. Deshalb ist es wichtig, bewusst Raum und Zeit füreinander zu schaffen,

21 www.ze.tt/das-sind-die-4-wichtigsten-gruende-fuer-scheidungen

ohne Ablenkungen wie beispielsweise Serien gucken – aber auch eine Balance zwischen dem Miteinander und eigenen Interessen zu finden. Denn nur, wer ab und zu auch mal was anderes erlebt, hat Spannendes zu erzählen, kann sich neu entdecken und einander nah fühlen."

Kommunikationsprobleme

Kommunikation ist, das haben wir jetzt schon oft gehört, das Um und Auf in einer Beziehung. Wer sich von seinem Gegenüber aber permanent nicht gehört fühlt, ist irgendwann zu Recht frustriert. „Dagegen hilft aktives, vorurteilsfreies und aufrichtiges Zuhören." Der Partner mag in mancher Hinsicht eine gänzlich andere Sicht haben – das macht diese jedoch nicht weniger valide. „Zu einer Zweierbeziehung gehören zwei Mal 50 Prozent. Und beide Sichtweisen sollten gleichermaßen Teil der Beziehungsdynamik sein. Ja, offen miteinander reden hilft." Wer hätt's gedacht?

Nicht genug Vertrauen, Einfühlungsvermögen und Respekt

Der Partner hat eine schwere Zeit in der Lohnarbeit oder fühlt sich zu Hause überlastet? Streit mit Freunden oder Familie strapaziert das Nervenkostüm? „Sich in den Partner hineinzuversetzen und zu verstehen, warum dieser eine anstrengende Phase durchmacht, sollte eigentlich selbstverständlich sein. Ein ‚Ich verstehe nicht, warum du dich so anstellst', ‚Anderen geht es auch schlecht' oder ‚Ist doch alles okay' sind wenig zielführend. Die Gefühlswelt des Partners zu respektieren – auch, wenn diese sich krass von der eigenen unterscheidet – ist enorm wichtig." Genauso gehört auch Vertrauen zu einer stabilen Beziehung. Und wenn in früheren Beziehungen auch noch so viel Mist passiert ist, gehört der nicht in deine neue.

Auseinanderentwickeln

„Das passiert teuflischerweise meist so langsam, dass es erst bemerkt wird, wenn es zu spät ist. Dann stehen plötzlich beide schluchzend inmitten vollgerotzter Taschentücher im Flur und fragen sich, was da genau wann passiert ist. Wer das vermeiden will, muss am Ball bleiben." Also was beschäftigt, bewegt, freut, ängstigt oder belastet den Partner? Ihr müsst ja nicht alles gemeinsam haben und jedes Interesse teilen, aber wahrnehmen und respektieren schon.

Eine Beziehung will also gepflegt werden. Dein Partner ist nichts Selbstverständliches. Kümmere dich also auch um ihn. Wie kann das aber in einer konkreten Beziehung aussehen?

Sucht euch feste Zeiten für euch und eure Beziehung ohne Kind. Zum Beispiel ein regelmäßiger Spaziergang oder ein gemeinsames Abendritual. Ein Abend in der Woche nur für euch zwei, ein gemeinsames Essen oder gleich auch gemeinsam ein Lieblingsgericht kochen. Oder sich einfach mal ein Essen bestellen. Gemeinsam den Kopf frei bekommen, vielleicht beim Sport, einem Konzert oder einer anderen kulturellen Veranstaltung.

Ich habe Anna gerne aus einem Buch, das sie sehr liebt, vorgelesen. Nebeneinandersitzen, Serien schauen und sich anzuschweigen ist manchmal schön, auf die Dauer aber nicht besonders hilfreich. Sprecht über das, was euch beschäftigt, tauscht Gedanken und Meinungen aus. Deine Partnerin und du, ihr seid neu in eurer Rolle als Eltern und ihr freut euch beide über positives Feedback. Aufmunternde Rückmeldungen und authentische Komplimente können so viel Gutes tun. Dennoch kann es einmal vorkommen, dass es zu einem Streit kommt – dann gilt auch hier: konstruktiv streiten. Fair bleiben, aufmerksam zuhören, offen, ehrlich und aufrichtig sein und gemeinsam nach Lösungen suchen kann jeden Streit auch wieder zurück in ruhige Gewässer bringen.

Reisen mit Baby?

In der ersten Zeit mit Baby ist alles aufregend, spannend und schön. Wenn ihr dann aber angekommen seid, kehrt irgendwann auch mit einem Kleinkind Alltag ein. Das ist in Ordnung, dennoch tut Abwechslung dann und wann gut, auch eurer Beziehung. Da kann zum Beispiel ein Urlaub das Richtige sein, denn wenn man einige Punkte beachtet, spricht nichts gegen Urlaub mit eurem Baby – im Gegenteil. Die erste gemeinsame Reise wird euch ein Leben lang in Erinnerung bleiben.

Unabhängig davon, ob ihr einen Tagestrip unternehmt, einen kurzen Ausflug oder eine längere Reise macht: Die Wickeltasche sollte euer ständiger Begleiter sein. Darin könnt ihr den gesamten Bedarf für unterwegs wie Reservewindeln, Wickelunterlage, Fläschchen, Ersatzstrampler und Kleidung, Spielzeug, Schnuller, Pflegeprodukte und alles, was sonst so individuell benötigt wird, mitnehmen – ob ihr nun mit dem Kinderwagen unterwegs seid, mit dem Auto oder mit der Bahn. Eine gut gefüllte und sortierte Wickeltasche kann euch in jeder Situation nützlich sein.

Wenn ihr im Park oder im Wald, im Inland oder Ausland unterwegs seid: Es ergibt Sinn, euer Kind zu impfen. Schutzimpfungen helfen, die Verbreitung von Krankheiten einzudämmen und deren Entstehen überhaupt zu verhindern. Gerade Säuglinge und Kleinkinder sind besonders anfällig für Infektionskrankheiten. Ohne Schutzimpfungen kann ein Krankheitsverlauf schwerwiegend sein und bis hin zum Tod führen. Beachtet aber, dass nicht überall die gleichen Impfungen kostenlos oder vergünstigt angeboten werden. Je nachdem, wo ihr wohnt, müsst ihr die Kosten selbst tragen oder sie werden von der Gebietskrankenkasse übernommen. Welche Schutzimpfungen besonders empfohlen werden, kannst du auf der Seite www.gesundheit.gv.at erfahren. Informiert euch auch, ob für eure Reisedestination spezielle Impfungen notwendig sind.

Bei der Planung einer Reise mit eurem Baby bieten sich Jahreszeiten ohne Wetterextreme an. Es ist sinnvoll, nicht im Hochsommer an den Strand zu fahren und nicht im kältesten Winter unterwegs zu sein. Wenn es eurem Baby zu heiß und/oder schwül ist, werdet ihr das auch merken. Denn hohe, ungewohnte Temperaturen werden sich meistens auf das Trinkverhalten, aber auch auf den Schlafrhythmus eures Schatzes auswirken. Für weiter entfernte Destinationen empfehlen sich also eher Übergangsjahreszeiten – meistens ist es dann auch billiger. Im Sommer solltet ihr mit eurem Kind eher im Schatten bleiben. Wenn dies nicht immer möglich ist, gibt es UV-Hemden, die Babys Haut vor zu starker Sonnenstrahlung schützen. Auch spezielle Sonnencreme für Babys bietet sich an. Dabei aber beachten, dass diese mindestens 30 Minuten vor dem Sonnenstrahlenkontakt aufgetragen werden sollte, um optimalen Schutz zu erzielen. Abgesehen vom Sonnenschutz solltet ihr für jeden Urlaub eine kleine auf eure Familie und das Baby abgestimmte Reiseapotheke mitnehmen.

Einige Reiseveranstalter bieten spezielle Angebote für Jungfamilien an. Das praktische dabei ist, dass auch die Bedürfnisse von Babys und Kleinkindern vom Reiseveranstalter mitbedacht und abgedeckt werden und ihr als Eltern spart euch einiges an Organisation. So konnte auch ich dem Pauschalurlaub noch etwas abgewinnen.

Unterwegs mit dem Auto

Wer das Baby im Auto mithat, ist verpflichtet, eine sichere Babyschale ordnungsgemäß zu verwenden. Das bedeutet, nicht am Beifahrersitz, wenn der Airbag eingeschaltet ist (siehe auch Kapitel *Was muss, soll, kann alles fürs Baby besorgt werden!?*).

Dennoch ist das Reisen mit dem Auto praktisch, denn ihr seid relativ unabhängig und mit etwas Timing und Glück schafft ihr es von A nach B und euer Baby schläft die ganze Zeit. Die meisten Babys genießen das Rauschen und Schaukeln im Auto und werden früher oder später schläfrig. Darüber hinaus habt ihr im Auto genug Platz für all eure Sachen, Kinderwagen, Babyzeug und vieles mehr. Die Klimaanlage solltest du aber nur sehr sparsam verwenden und auch Zugluft ist für Babys nicht zu empfehlen. Sicherheitshalber kann man dem Baby ein Häubchen aufsetzen. Abseits der Hauptreisezeit unterwegs zu sein empfiehlt sich, wenn man nicht unter sengender Hitze stundenlang mit dem Baby im Stau stehen möchte.

Unterwegs mit der Bahn

Auch mit der Bahn zu reisen ist kein Problem, will aber organisiert sein. Aus Platzgründen könnt ihr weniger Gepäck mitnehmen und vieles müsst ihr selbst tragen, überlegt also gut, was ihr alles benötigt. Im Zug angekommen habt ihr dann aber beide Hände frei, um die Zeit mit euren Kindern zu verbringen. Spiele spielen, aus dem Fenster schauen, vorlesen, Geschichten erzählen oder einfach herumalbern, ihr müsst ja nicht selbst fahren. Darüber hinaus ist es umweltfreundlicher, mit der Bahn unterwegs zu sein. Außerdem bieten viele Züge eigene Kinder- oder Stillabteile an – ein großer Pluspunkt für diese Reisevariante.

Unterwegs im Flugzeug

Wer wirklich weit weg in den Urlaub möchte, der kommt zumeist am Flugzeug nicht vorbei. Dabei hat es sich bewährt, die Babyschale aus dem Auto mitzunehmen und dafür einen eigenen Sitz zu reservieren. Viele Fluglinien erlauben auch die Mitnahme des Kinderwagens bis zum Flugzeug. Dieser wird dann vom Flugpersonal verstaut und beim Ausstieg wieder ausgehändigt. Erkunde dich bei deiner Fluggesellschaft über spezielle Angebote für Familien bzw. Babys sowie Tipps und Tricks für die Reise. Babys dürfen offiziell fliegen, allerdings können sie nicht wie Erwachsene selbst und bewusst einen Druckausgleich machen. Bei Start und Landung ein Horror. Da hilft es, das Kind beim Start zu stillen oder das Fläschchen zu geben. So kann sich der Druckausgleich selbst einstellen. Auch spezielle Nasentropfen haben sich etabliert (in der Apotheke erhältlich).

- Für alle Reisen ins Ausland gilt: Das Baby benötigt einen eigenen Pass. Die Ausstellung dieses Passes ist in Österreich bis zum zweiten Lebensjahr kostenlos. Zum eigenen Pass gehört auch ein eigenes Foto. Auf diesem muss das Baby allein abgebildet sein. Das Gesicht muss vollständig erkennbar und die Augen geöffnet sein. Der Schnuller muss raus und das Bild darf nicht älter als sechs Monate sein. Solltet ihr, so wie wir, erst kurz vor Reiseantritt bemerken, dass der Nachwuchs ein eigenes Reisedokument benötigt, kann die Behörde einen Notpass ausstellen.

Für das Reisen mit Baby gilt: Planung ist alles. Doch egal, wie gut geplant, eine solche Reise ist immer ein kleines Abenteuer. Wenn du dich darauf nicht einlassen kannst oder willst, bleib besser daheim.

Trennung und Papa sein

Wir haben schon am Anfang dieses Buches darüber gesprochen: Gute Eltern ergeben nicht automatisch gute Beziehungspartner. Oder wie ein altes Sprichwort sagt: Vater werden ist nicht schwer, Vater sein hingegen sehr.

Oft sind es gegenseitige Erwartungen, die einfach nicht erfüllt werden können. Für manche Paare kann die neue Rolle der Elternschaft kombiniert mit der Schwierigkeit, über eigene Erwartungen und Bedürfnisse zu sprechen, sich deshalb auch belastend auf die Beziehung auswirken. Das lässt sich oft in den Griff bekommen, wenn beide gemeinsam an der Beziehung arbeiten, manchmal aber reichen alle Bemühungen nicht aus und eine Trennung ist der bessere Weg als permanenter Konflikt. Aus eigener Erfahrung, und du hast vielleicht ähnliche gemacht, kann ich sagen: Man kann Kindern nicht ewig etwas vormachen. Kinder merken, wenn sich Eltern nicht mehr verstehen, respektlos miteinander umgehen und es oft Streit gibt. Aber auch nach einer Trennung gilt: Im Idealfall haben Kinder eine gute Beziehung zu Mutter und Vater. Wenn ihr als Eltern getrennte Wege gehen wollt, bedeutet dies nicht, dass ihr euch auch von euren Kindern trennen müsst. Einige Regeln können dabei helfen, dass auch du trotz Trennung ein guter und präsenter Vater sein kannst.

Ihr übernehmt trotz Trennung gemeinsam Verantwortung

Die Liebesbeziehung ist zwar vorbei, eure Elternschaft aber nicht. Was auch immer in eurer Beziehung vorgefallen sein mag, ihr stehlt euch nicht aus der Elternverantwortung davon. Klar, es wird oft schwer sein zwischen der gemeinsamen Elternschaft und der gescheiterten Beziehung eine Trennlinie zu ziehen. Nun geht es aber um eure Kinder und du solltest alles daransetzen, für diese da zu sein. Dafür braucht es eine Gesprächsbasis mit der Mutter, die auch über das Ende eurer Beziehung tragfähig ist.

Lass alte Männlichkeitsklischees links liegen

Die Beziehung zur Mutter mag vorbei sein, aber du kannst als Vater mehr als nur Geld überweisen. Auch Papa kann auf das Kleinkind aufpassen, einen Ausflug machen oder einfach Zeit mit dem Nachwuchs verbringen. Nimm dir die Zeit dafür, das wird dir auch später Frust und das Gefühl ersparen, nicht dabei gewesen zu sein.

Gegenseitiger Respekt

Anders als bei deinen bisherigen Beziehungen bleibst du mit der Mutter deiner Kinder auch über die Trennung hinaus verbunden. Gerade wenn euer Kind noch klein ist, werdet ihr viele Jahre aneinandergebunden sein, deshalb ist Fairness im Umgang mit der Ex-Partnerin und gegenseitiger Respekt sehr wichtig. Auch der Ex-Partnerin kann man wertschätzende Aufmerksamkeit oder ein freundliches Wort zukommen lassen. Immerhin ist sie die Mutter deines Kindes oder deiner Kinder. Dann wird es auch möglich, sich über Erziehungsziele und Kinderbetreuung zu verständigen.

Betreuung aushandeln und einhalten

Welche Regelung für die Betreuung der Kinder auch immer ihr trefft: Halte dich an die Abmachungen. Sollte es zu Änderungen kommen oder du Änderungen wünschen, sprich mit deiner Ex-Partnerin rechtzeitig darüber. Das schafft Vertrauen. Denk daran, dass bei der Kinderbetreuung am besten langfristig geplant wird.

In erster Linie an die Kinder denken

Es wäre so schön, wenn es funktionieren würde, aber nicht immer ist eine zeitlich genau aufgeteilte 50-50-Betreuung der Kinder bei getrennten Paaren möglich. Das ist keine Katastrophe, wenn du dich mit deiner Ex-Partnerin auf eine gemeinsam akzeptierte Regelung einigst. Im Zentrum eurer Bemühungen sollte immer die Frage stehen: Was braucht euer Kind?

Die finanziellen Aspekte klären

Auch hier gilt: Es geht ums Kind. Idealerweise ist die Betreuungszeit und die finanzielle Belastung möglichst gleich aufgeteilt. Realität ist aber auch, dass Frauen in Österreich zumeist weniger verdienen und mehr Zeit in der Kinderbetreuung verbringen, doch auch das ist Arbeit. Das solltest du, wenn du mehr verdienst, ehrlich vergelten. Sich finanziell gar nicht zu kümmern, ist nicht nur verantwortungslos, respektlos und kleingeistig, sondern auch peinlich und unfair deinem Kind gegenüber. Umgekehrt darfst du dir, wenn du die (Klein-) Kinderbetreuung übernommen hast, Dasselbe erwarten und einfordern!

Stabilen und verlässlichen Kontakt sicherstellen

Gemeinsame Erlebnisse tragen zu einer guten Vater-Kind-Bindung bei. Dazu zählen auch das Essen und Zu-Bett-bringen. Außerdem sollten Väter mit der Ex-Partnerin klären, wie sie Alltagsaufgaben aufteilen. Stichwort Musikunterricht oder Sportkurs.

Selbstbewusste Haltung finden

Liebevolle Väter, die nicht da sind, werden von ihren Kindern vermisst. Du bist ein wichtiger Mensch im Leben deines Kindes und darfst und sollst dich einbringen. Bei der Aufteilung der Kinderbetreuung geht es aber nicht darum, dem Ex-Partner etwas wegzunehmen. Nur weil die Beziehung zur Mutter gescheitert ist, bist du noch nicht als Vater gescheitert. Es gibt keinen Grund, dass du dich als Versager fühlst und deshalb den Kontakt zu deinen Kindern abbrichst.

Neuen Partner akzeptieren

Die Mutter hat einen neuen Partner, das bedeutet aber nicht, dass du als Vater nicht mehr gebraucht wirst. Ein neuer Partner ist im besten Fall eine Bereicherung für das Kind. Die Eltern sind zwar nicht mehr zusammen, aber ihr liebt beide euer Kind. Lasst es das wissen, denn es geht um das Wohl eures Nachwuchses.

Sich Hilfe suchen

Manchmal wird einem alles zu viel. Gerade eine Trennung kann über die Maßen belastend sein. Schmerz, Wut, Verzweiflung sind präsent. Hol dir Hilfe und Rückhalt bei Freunden und Familie oder bei professionellen Beratungsstellen oder Väterberatern. Es gibt immer einen Weg.

Rechtliche Schritte als ultima ratio

Du willst Anwälte und Gericht über die Kinderobsorge entscheiden lassen? Das sollte wirklich dein letzter Schritt sein, denn gerichtliche Verfahren dauern lange, sind nervenaufreibend und belastend für alle Beteiligten, ganz besonders für die Kinder, und noch dazu teuer. Vor Gericht wird Porzellan zerschlagen und Dreckwäsche gewaschen. Am Ende könnt ihr euch die Scherben teilen und das wollen weder du noch die Mutter. Natürlich: Wenn gar nichts mehr geht, kann ein Richterspruch Klarheit in die Verhältnisse bringen, aber wie gesagt, das sollte der letzte Schritt sein.

Trennung als Neuanfang verstehen

Trennungen sind scheiße, keine Frage. Aber eine Trennung kann auch ein Neuanfang sein. Du hast die Chance, die Beziehung zu deinem Kind neu aufzustellen und sogar zu intensivieren. Die Zeit, die ihr verbringen könnt, wird nun womöglich intensiver genutzt und du kannst nach einer belastenden Beziehung vielleicht auch endlich etwas zur Ruhe kommen.

Zum Abschluss

Mir bleibt nun nur mehr, mich bei dir zu bedanken, dass ich dich etwas auf deinem Wege begleiten durfte bzw. du mich durch eine sehr aufregende Zeit in meinem Leben begleitet hast. Ich wünsche dir noch eine spannende Vaterschaft und viele glückliche, unvergessliche Momente mit deinem Kind und deiner Familie! Viel Erfolg und Glück auf deiner Reise durch das Papa sein und denk daran, auch wenn noch viele Jahre dazwischen liegen: Vaterschaft ist der erste Schritt in Richtung Opa sein. Das verändert das Leben dann noch einmal auf eine herrliche Weise. Nur so viel: Opas haben's gut, als Opa wirds erst so richtig lustig. Aber darüber schreibe ich dann genauer, wenn alles gutgeht, in circa 30 Jahren.

Anhang

Du hast rechtliche Fragen oder interessierst dich zum Thema Papamonat und Väterkarenz?

- Die Arbeiterkammer bietet in jedem Bundesland umfassende Beratung und Infomaterial an. Es lohnt sich auch ein Besuch auf der Homepage:
  arbeiterkammer.at/schwanger und arbeiterkammer.at/ratgeber
- Auch die Rechtsanwaltskammer Wien bietet einmal in der Woche kompetente und kostenlose Beratung.
- Geburtsvorbereitungskurse mit Väterschwerpunkt (Wien): hebammenzentrum.at/kurse-mehr/vaeter
- Männerberatung Wien: maenner.at
- Gesundheitszentrum für Männer und Burschen – auch Vatersprechstunden: men-center.at
- In den meisten österreichischen Bundesländern gibt es sogenannte Männerbüros. Egal was dir am Herzen liegt, du findest dort Beratung zu jedem Thema. Natürlich auch zum Papa werden. Die Angebote sind wirklich toll: zentrum-fm.at
- Egal in welcher Lebenslage, manchmal benötigt man Hilfe oder Rat, um zu seinem Recht zu kommen. Es empfiehlt sich, einmal bei help.gv.at vorbeizuschauen.
- Alles rund um das Thema Elternschaft in Deutschland findest du unter: bmfsfj.de

Unerfüllter Kinderwunsch?

- IVF-Gesellschaft: ivf-gesellschaft.at

Ungeplant schwanger?

- familienberatung.gv.at/schwangerschaft/ungeplant-schwanger

Fragen zur Pränataldiagnostik?

- gesundheit.gv.at/leben/eltern/schwangerschaft/untersuchungen/praenataldiagnostik
- pränatal-info.at

Du möchtest dich zum Thema Intersexualität informieren?

- Verein Intergeschlechtlicher Menschen Österreich Vimö: vimoe.at

Wenn das Glück nur kurz da war – Sternenkinder

- Der Verein *Pusteblume* ist österreichweit aktiv: verein-pusteblume.at
- Selbsthilfegruppe Regenbogen: shg-regenbogen.at
- trauernde-eltern-wien.at
- engelskinder.de

Gerade nicht versichert?

- Ambermed kann helfen: ambermed.at

Podcasts für (werdende) Väter

- Drei Väter – ein Podcast: findest du auf spiegel.de und gängigen Podcast-Plattformen
- Beste Vaterfreuden: ebenfalls auf Spotify und Co.
- Papalapapp.podcast - der Podcast vom Vater werden: auf Spotify und Co.

Zum Thema Begleitung, Hebammen, Fragen beantworten und überhaupt!

- Eltern-Kind-Zentren gibt es in ganz Österreich, einfach googeln, um eines in deiner Nähe zu finden.
- Die jeweiligen Krankenkassen der Bundesländer bieten ebenfalls Beratung und Information zum Thema Schwangerschaft, Geburt und Eltern werden/Eltern sein.

- Väterzentren sind in Deutschland bereits relativ üblich. In Österreich gibt es so etwas außer in Innsbruck (vaeterzentrum.org) leider noch nicht. Bis sich das ändert, sind wir der Anhang im Mütter- oder Hebammenzentrum. Aber auch da gibt es für Männer tolle Angebote.
- Hebammenverzeichnis: hebammen.at
- Infos rund ums Thema Hausgeburt: geburtsallianz.at/hausgeburt und quag.de
- Aktion Leben – Beratung, Information, Hilfe: aktionleben.at
- Netzwerk Frühe Hilfen: fruehehilfen.at
- Geburtshäuser in Österreich: geburtsallianz.at/geburtshaeuser
- Hebammenzentrum – Beratung & Information (Wien): hebammenzentrum.at
- Weitere Hebammenzentren findest du in Graz, Voitsberg und Mittersill
- Stillberatung La Leche Liga (Wien): lalecheliga.at
- Zentrum für Schwangerschaft und Geburt Nanaya. Auch Väterberatung (Wien): nanaya.at
- In Wien gibt es sogenannte Familienhebammen. Diese sind in der Betreuung und Beratung von schwangeren Frauen in vier Hebammenstützpunkten, den Schwangeren-Ambulanzen städtischer Krankenhäuser und in einigen Familienzentren der MA 11 tätig.
- Fragen & Antworten rund um die Familie: familienberatung.gv.at
- Du bist ein Fan von Checklisten? Hier findest du alle rund um die Geburt: schwanger.at/checklisten.html
- Die Entwicklung von Baby und Mama – Woche für Woche: schwanger.at/schwangerschaftswochen.html
- Verein ProMammi, Hebammen für ein gutes Bauchgefühl (Niederösterreich): promami.at
- COURAGE - die Partner*innen-, Familien- & Sexualberatungsstelle (Wien, Graz, Linz, Salzburg & Innsbruck): courage-beratung.at
- Das Hilfswerk betreibt in vielen niederösterreichischen Orten Beratungszentren zu den Themen Schwangerschaft und Geburt: hilfswerk.at/niederoesterreich/

- ZOE – Beratung rund um Schwangerschaft und Geburt (Oberösterreich): zoe.at
- Hebammenzentrum Graz (Steiermark): hebammenzentrum-graz.at
- Beratungszentrum für Schwangere Graz (Steiermark): schwangerenberatung.at
- Beratung rund um das Thema Schwangerschaft in Vorarlberg, Liechtenstein und der Schweiz: schwanger.li
- Österreichische Interessenvertretung für alleinerziehende und getrennte Mütter/Väter und ihre Kinder: oepa.or.at

Weitere hilfreiche Anlaufstellen

- Leben ohne Tabak: rauchfreiapp.at
- Warum Alkoholkonsum in der Schwangerschaft eine sehr schlechte Idee ist: fachstelle.at/produkt/sfa-folder-alkohol-und-schwangerschaft/
- Infos zu Frühgeburten: gesundheit.gv.at/leben/eltern/geburt/geburtsvorbereitung/fruehgeburt
- Infos rund ums Thema Kaiserschnitt: geburtsallianz.at/kaiserschnitt/
- Das Baby im Auto transportieren: autokindersitz.at
- Tipps zur Kindersicherheit und Unfallverhütung im Kindesalter: grosse-schuetzen-kleine.at
- Für die (werdende) Mama unbedenkliche Medikamente: embryotox.de
- Unterstützung für Kinder in stürmischen Zeiten – Trennung, Scheidung, Tod: rainbows.at
- Beratungsstellen zum Thema Schwangerschaftsabbruch in Deutschland und Österreich: konfliktschwangerschaft.at
- Du möchtest mehr über Kinderbetreuungsmöglichkeiten in Österreich erfahren? oesterreich.gv.at/themen/familie_und_partnerschaft/kinderbetreuung/2.html
- Du möchtest dich mit wissenschaftlicher Väterforschung befassen? Schau mal auf der Seite von CENOF (The Central European Network on Fatherhood) vorbei: cenof.univie.ac.at

Register